EERSTE EDITIE - Gepubliceerd in 2022

Extra grafisch materiaal van: www.freepik.com
Dank aan: Alekksall, Starline, Pch.vector, Rawpixel.com,
Vectorpocket, Dgim-studio, Upklyak, Macrovector,
Stockgiu, Pikisuperstar & Freepik.com Designers

Ontdek gratis online spelletjes

Hier verkrijgbaar:

BestActivityBooks.com/FREEGAMES

5 TIPS OM TE BEGINNEN!

1) HOE OP TE LOSSEN

De Puzzels zijn in een Klassiek Formaat:

- Woorden worden verborgen zonder pauzes (geen spaties, streepjes, ...)
- Oriëntatie: Voorwaarts & Achterwaarts, Boven & Beneden of in Diagonaal (kan in beide richtingen)
- Woorden kunnen elkaar overlappen of kruisen

2) ACTIEF LEREN

Naast elk woord is een spatie voorzien om de vertaling te noteren. Om actief te leren vindt u een **WOORDENBOEK** aan het einde van deze editie om uw kennis te controleren en uit te breiden. U kunt elke vertaling opzoeken en opschrijven, de woorden in de puzzel vinden en ze vervolgens aan uw woordenschat toevoegen!

3) TAG JE WOORDEN

Hebt u al geprobeerd een labelsysteem te gebruiken? U zou bijvoorbeeld de woorden die moeilijk te vinden waren kunnen markeren met een kruis, de woorden die u leuk vond met een ster, nieuwe woorden met een driehoek, zeldzame woorden met een ruit enzovoort...

4) ORGANISEER UW LEREN

Wij bieden ook een handig **NOTITIEBOEKJE** aan het eind van deze uitgave. Of u nu op vakantie, op reis of thuis bent, u kunt uw nieuwe kennis gemakkelijk ordenen zonder dat u een tweede notitieboek nodig hebt!

5) AFGESLOTEN?

Ga naar de bonussectie: **FINAAL UITDAGING** om een gratis spel te vinden dat aan het einde van deze editie wordt aangeboden!

Wil je meer leuke en leerzame activiteiten? Het is Snel en Eenvoudig! Een hele collectie spelboeken slechts **één klik verwijderd!**

Vind uw volgende uitdaging bij:

BestActivityBooks.com/MijnVolgendeBoek

Klaar... Start!

Wist u dat er zo'n 7000 verschillende talen in de wereld zijn? Woorden zijn kostbaar.

We houden van talen en hebben hard gewerkt om de boeken van de hoogste kwaliteit voor u te maken. Onze ingrediënten?

Een selectie van onmisbare leerthema's, drie grote plakken plezier, dan voegen we er een lepel moeilijke woorden en een snuifje zeldzame woorden aan toe. We serveren ze met zorg en een maximum aan verrukking, zodat je de beste woordspelletjes kunt oplossen en veel plezier beleeft aan het leren!

Uw feedback is essentieel. U kunt een actieve bijdrage leveren aan het succes van dit boek door een recensie achter te laten. Vertel ons wat u het meest beviel in deze editie!

Hier is een korte link die u naar uw bestelpagina brengt:

BestBooksActivity.com/Recensies50

Bedankt voor uw hulp en veel plezier met het spel!

Linguas Classics

1 - Metingen

```
X D M Q W O L P U W O M G L H
U E C H F G K I R G U Z R L E
W C V G Z I I N N B L P M U I
A I P N C V L T L W G Z J T G
W M Z Z Y S O N U D E P T H H
W A Y S S A M X N I E O P T T
K L P L Z I E T U N I M Q D H
H A C O C S T T I N C H K I G
O J Y B K G E W Y X O A F W I
I V X F O S R X Y B K U R R E
J I B J F K E M U L O V N E W
L E N G T H T Z V G R A M C T
E B Y O V Y I R T H X S E K E
Q B I D T B L K I L O G R A M
C E N T I M E T E R E T E M P
```

WIDTH	KILOMETER
BYTE	LENGTH
CENTIMETER	LITER
DECIMAL	MASS
DEPTH	METER
WEIGHT	MINUTE
GRAM	OUNCE
HEIGHT	PINT
INCH	TON
KILOGRAM	VOLUME

2 - Opwarming van de Aarde

```
E  C  J  Z  S  N  O  I  T  A  R  E  N  E  G
H  N  L  Q  Q  J  I  S  E  G  N  A  H  C  Q
A  A  E  I  R  X  T  V  M  Q  F  G  A  S  Y
F  H  O  R  M  F  S  O  P  V  H  R  P  L  P
B  L  O  J  G  A  I  Z  E  U  L  D  I  W  A
C  Z  L  J  O  Y  T  Y  R  T  S  U  D  N  I
F  R  C  G  R  O  N  E  A  T  A  D  W  O  N
U  U  I  I  P  W  E  Q  T  T  R  F  C  I  U
T  S  T  S  O  D  I  C  U  G  T  E  G  T  W
U  E  C  O  I  V  C  T  R  C  X  X  V  N  W
R  H  R  F  A  S  S  I  E  V  J  H  B  E  A
E  S  A  N  U  Q  I  M  S  X  K  E  I  T  H
G  O  V  E  R  N  M  E  N  T  K  A  Z  T  M
D  E  V  E  L  O  P  M  E  N  T  D  A  A  J
R  E  N  V  I  R  O  N  M  E  N  T  A  L  W
```

ATTENTION	ENVIRONMENTAL
ARCTIC	NOW
CRISIS	DEVELOPMENT
ENERGY	GOVERNMENT
GAS	TEMPERATURES
DATA	FUTURE
GENERATIONS	CHANGES
INDUSTRY	SCIENTIST
CLIMATE	

3 - Keuken

```
A F R E F R I G E R A T O R G
X R A C Z E V K Y C R V C K R
J E J R U L Q O E P I C E R I
W E T U M P J V V T W C U J L
N Z Y I W W S E G M T V D E L
A E G Y X Q K N G Z H L K F S
P R O Z L X C A X N D L E O O
K A N Y O B I T O D O O F R J
I R S I L I T B P D S P A K U
N L A D L E S P O O N S S S G
S P I C E S P W Y T O Y Q H X
K N I V E S O Y V S R N Y K D
B G K M I I H Q L R P Y U D M
A R Z T D C C J V I A E V R V
Q V Y E D P W X B V B O W L H
```

CUPS	LADLE
CHOPSTICKS	JAR
GRILL	RECIPE
KETTLE	APRON
REFRIGERATOR	NAPKIN
BOWL	SPICES
JUG	SPONGE
SPOONS	FOOD
KNIVES	FORKS
OVEN	FREEZER

4 - Boten

```
I  K  N  R  D  V  P  M  W  V  C  F  E  L  L
M  A  S  T  A  O  B  L  I  A  S  Y  R  I  Q
U  W  L  U  S  H  U  P  V  C  V  M  I  F  P
Q  Y  A  C  H  T  D  A  J  P  W  E  B  E  M
D  O  C  K  M  F  B  K  S  E  A  P  S  B  B
O  I  I  A  Y  A  L  Y  S  N  S  O  C  O  L
L  Y  T  Y  T  U  K  H  F  I  W  R  E  A  N
A  V  U  A  A  I  F  K  T  G  G  S  G  T  T
E  V  A  K  Y  R  D  L  F  N  O  C  E  A  N
M  B  N  V  W  B  Z  T  A  E  P  T  D  X  S
E  R  H  H  U  W  B  R  R  K  R  Q  B  Y  I
C  E  O  N  A  C  U  C  Z  Z  E  R  A  F  Z
S  V  P  A  C  R  O  H  C  N  A  O  Y  U  P
E  I  J  Q  X  D  Y  E  V  G  B  R  N  N  V
C  R  E  W  G  I  P  G  Q  C  K  Q  Y  Z  C
```

ANCHOR	ENGINE
CREW	NAUTICAL
BUOY	OCEAN
DOCK	LIFEBOAT
WAVES	RIVER
YACHT	ROPE
KAYAK	FERRY
CANOE	RAFT
MAST	SEA
LAKE	SAILBOAT

5 - Chocolade

```
Z V P L R Y B T Z Y H X J S B
T U N O C O C I A M O R A Z Y
U Y K G W Q H I T S T Z C C T
K Q Y S Y D N A C T T H A R D
Z N E P I C E R Z T E E L A E
C A R A M E L R X Y R R O V L
I P E A N U T S M W Y A R I I
T N A D I X O I T N A G I N C
O K C M Q C A F H A W U E G I
X L W J C D C Q E P H S S A O
E T I R O V A F V G G B J S U
P G T W L J C F W G E G G W S
P Y V X P Q Q U A L I T Y E M
Q Z I N G R E D I E N T Z E C
C K G U T X O Z Q R M C F T Y
```

ANTIOXIDANT
AROMA
BITTER
CACAO
CALORIES
EXOTIC
FAVORITE
DELICIOUS
INGREDIENT
CARAMEL

COCONUT
QUALITY
PEANUTS
POWDER
RECIPE
TASTE
CANDY
SUGAR
CRAVING
SWEET

6 - Gezondheid en Welzijn #2

```
R E G A U E M G K P P S D R N
T V Y K F O X F M L R T I E U
S I L Q M W M R D W B R G C T
Y D W E I G H T E I D E E O R
M S C I T E N E G P Z S S V I
O K I R A L L E R G Y S T E T
T X N O I T C E F N I H I R I
A E E L A Z C N G Y T O O Y O
N I M A T I V E Y A U Q N E N
A L C C S A F R B S S P Z Y V
Z T B L O O D G J O F S B E U
H E A L T H Y Y Y L D Q A A Z
G S E L J Z E N E I G Y H M X
H O S P I T A L D I S E A S E
N Y F B M N Q K M I R X P T T
```

ALLERGY	HYGIENE
ANATOMY	INFECTION
BLOOD	BODY
CALORIE	MASSAGE
DIET	DIGESTION
ENERGY	STRESS
GENETICS	VITAMIN
WEIGHT	NUTRITION
HEALTHY	HOSPITAL
RECOVERY	DISEASE

7 - Tijd

```
J P M R E T F A C A E N Y V Q
U W I A F E D L L N A I E S F
Q M N D N U H W O N R G S A I
X F U N Y Q T N C U L H T G V
C X T E O J N U K A Y T E W J
D T E L V W O W R L Z A R E J
A O V A X G M M A E Q O D E O
F D M C H D E B E Y G W A K T
E A O P O N D I Y L W I Y N O
J Y R P U S A W R J D K U Q M
F T N G R M C E N T U R Y P M
S B I U T C E V D D Q A I D X
O U N C Y X D J P S E F A F P
P S G X F O Q X F X E D H F Q
M B B Z Y F S F H N W N O O N
```

DAY	MINUTE
DECADE	AFTER
CENTURY	NIGHT
YESTERDAY	NOW
YEAR	MORNING
ANNUAL	FUTURE
CALENDAR	HOUR
CLOCK	TODAY
MONTH	EARLY
NOON	WEEK

8 - Meditatie

```
Y F H X E O M E N T A L J Q B
D B L L M B G T T S T Y R A X
F V V N O S S E N I P P A H N
P H T C T E C N E L I S G L P
M T G Q I R T W M I P T K I E
O U Q B O V G M E R I H E Y R
C I S T N A Y V V B D G D E S
K L Y I S T Y F O S S U U R P
P I A Z C I B X M Z B O T U E
O H N R A O W M J Y O H I T C
S U V D I N O I T N E T T A T
T H K W N T G I W K C K A N I
U L O Z E E Y D O U A Y R W V
R A W A K E S O Z T E N G E E
E M Z A N O I S S A P M O C V
```

ATTENTION	MENTAL
MOVEMENT	MUSIC
GRATITUDE	NATURE
EMOTIONS	OBSERVATION
THOUGHTS	PERSPECTIVE
HAPPINESS	SILENCE
CLARITY	PEACE
POSTURE	KINDNESS
COMPASSION	AWAKE

9 - Muziek

```
I Y C I M H T Y H R J R S Z N
N M X U Q I A G F P Z H I Y Z
S U R O H C C R B L M Y N L R
T T E M P O J R M Y P T G D Q
R A L B U M G K O O X H E R H
U V P L E O C D F P N M R F B
M C L A S S I C A L H Y Y Q A
E M A C I M T C R N A O G I L
N U C I V R E K E I W P N G L
T S I S O V O L P K O E I E A
S I R U R Q P U O R U S S E D
J C Y M P B A F R D U O N S D
B I L F M N L W E F Y T I Y E
W A G N I D R O C E R Q U D D
D N T C W D Z O U S T A N J M
```

ALBUM	MUSICAL
BALLAD	MUSICIAN
HARMONY	OPERA
IMPROVISE	RECORDING
INSTRUMENT	POETIC
CLASSICAL	RHYTHM
CHORUS	RHYTHMIC
LYRICAL	TEMPO
MELODY	SINGER
MICROPHONE	SING

10 - Vogels

```
D  P  H  E  S  Y  A  T  O  U  C  A  N  U  F
G  A  V  M  G  P  G  O  O  S  E  F  V  A  P
A  U  R  R  T  G  A  R  R  P  L  A  W  Y  Q
S  T  O  R  K  V  T  R  R  F  R  H  N  N  Z
E  L  X  X  Y  Z  S  A  R  C  U  C  K  O  O
P  T  G  U  V  X  G  P  P  O  U  I  F  E  G
I  E  V  L  X  R  Z  E  E  S  W  R  C  G  N
F  N  A  C  I  L  E  P  N  W  X  T  M  I  I
Z  O  E  C  B  Q  Z  D  G  A  G  S  C  P  M
F  R  Z  S  O  Y  S  U  U  N  P  O  O  E  A
H  E  O  X  S  C  T  C  I  Q  E  Z  R  K  L
K  H  G  L  A  A  K  K  N  R  H  J  W  O  F
C  H  I  C  K  E  N  J  I  G  U  L  L  W  O
P  W  I  S  F  W  N  F  K  V  K  E  B  L  Z
V  Y  C  C  R  O  W  D  Q  O  E  N  X  J  Q
```

PIGEON   STORK
DUCK   PARROT
EGG   PEACOCK
FLAMINGO   PELICAN
GOOSE   PENGUIN
CHICKEN   HERON
CUCKOO   OSTRICH
CROW   TOUCAN
GULL   OWL
SPARROW   SWAN

11 - Behoud

```
E E H Y B H F H O K U V Y Y P
H N D S C R S E G N A H C O E
A R V U E L B A N I A T S U S
B E E I C M T L A R U T A N T
I T X D R A Z T O O K C U L I
T A Y F U O T H O N J O V M C
A W E Y J C N I V I H N N C I
T K X Z U H E M O E G C O L D
I V L K L W E F E N P E I I E
C Y C L E Q R H W N K R T M L
P H T J J Q G U J W T N U A C
O R G A N I C L U S K A L T Y
V O L U N T E E R Q H Q L E C
E C O S Y S T E M A J S O L E
C H E M I C A L S L T O P F R
```

CHEMICALS
SUSTAINABLE
ECOSYSTEM
CYCLE
HEALTH
GREEN
HABITAT
CLIMATE
ENVIRONMENTAL
NATURAL

EDUCATION
ORGANIC
PESTICIDE
RECYCLE
CHANGES
REDUCE
POLLUTION
VOLUNTEER
WATER
CONCERN

12 - Wiskunde

```
R E R A U Q S O V Z I E Y T W
B C N S F P M H O T J X Q R Y
M N E Q C M O W K C N L R I R
X E M A R G O L E L L A R A P
F R A C T I O N Y U K E H N C
A E E Z M S I G T G T B J G S
N F B T L Y R T E M O E G L R
G M D L E L L A R A P N G E E
L U X E N M E Q U A T I O N C
E C K L C E A I Y T T P I K T
S R S N O I S I V I D U K B A
B I U F K R M X D F M S O L N
X C M X Q K Q A V O L U M E G
E X P O N E N T L O E R U G L
P E R P E N D I C U L A R M E
```

DECIMAL	CIRCUMFERENCE
DIAMETER	PARALLEL
DIVISION	PARALLELOGRAM
TRIANGLE	RECTANGLE
EXPONENT	SUM
FRACTION	POLYGON
GEOMETRY	EQUATION
ANGLES	SQUARE
PERPENDICULAR	VOLUME

13 - Gezondheid en Welzijn #1

```
D P X E Q Z S I G B M T H N A
Y R U J N I A V H X U R O E C
P J P R D O C T O R S E R R T
A S D R V P N V Z W C A M V I
R R E F L E X N L Y L T O E V
E E N Y B K M C H X E M N S E
H N L C C V L F H J S E E L D
T I B A H H U N G E R N S J R
Q C S M X J O Q J E G T Y A O
S I W R O A A Y Q F E J S M R
K D X A H K T F R A C T U R E
I E K H K Z C I N I L C R Z S
N M F P C U V U O T H G I E H
B A C T E R I A J N I L V T X
I L E H F Y K M T S Q I T D K
```

ACTIVE
PHARMACY
BACTERIA
TREATMENT
FRACTURE
DOCTOR
HABIT
HUNGER
HEIGHT
HORMONES

SKIN
CLINIC
INJURY
MEDICINE
RELAXATION
REFLEX
MUSCLES
THERAPY
VIRUS
NERVES

14 - Camping

```
F  M  C  G  G  I  B  K  E  H  X  M  J  F  C
O  Q  O  P  N  W  N  H  G  I  B  O  X  X  V
R  H  M  X  A  Q  V  R  G  J  A  U  W  E  N
E  F  P  A  M  T  E  N  T  Q  O  N  F  R  J
S  A  A  M  N  P  P  F  G  N  I  T  N  U  H
T  C  S  S  N  B  O  S  H  J  A  A  T  T  N
A  J  S  H  Y  P  R  K  B  E  Y  I  N  N  L
H  I  E  B  F  H  J  T  A  G  I  N  M  E  A
C  A  N  O  E  A  A  N  A  T  U  R  E  V  N
R  Q  J  I  G  S  N  T  C  E  S  N  I  D  T
M  O  O  N  B  X  F  I  F  I  R  E  K  A  E
T  R  E  E  S  A  T  G  M  J  V  K  L  Y  R
F  R  V  O  M  W  C  G  A  A  B  A  J  A  N
I  H  A  M  M  O  C  K  S  K  L  L  T  Y  J
N  R  Q  Q  E  U  Q  L  U  K  D  S  R  J  U
```

ADVENTURE   HUNTING
MOUNTAIN   MAP
TREES   CANOE
FOREST   COMPASS
FIRE   LANTERN
CABIN   MOON
ANIMALS   LAKE
HAMMOCK   NATURE
HAT   TENT
INSECT   ROPE

15 - Algebra

```
A  F  A  E  A  R  P  Y  U  H  J  C  J  E  S
Y  R  O  D  V  F  S  I  M  P  L  I  F  Y  U
T  N  R  R  I  W  R  L  U  A  Z  A  M  X  B
U  P  E  Z  M  Y  H  A  S  R  H  A  A  K  T
J  Y  Z  W  E  U  U  R  C  G  D  R  T  S  R
F  A  C  T  O  R  L  P  B  T  A  F  R  I  A
D  I  A  G  R  A  M  A  P  A  I  C  I  S  C
S  O  L  U  T  I  O  N  B  R  X  O  X  E  T
V  A  R  I  A  B  L  E  S  F  O  X  N  H  I
I  N  F  I  N  I  T  E  L  N  Y  B  Q  T  O
V  E  A  G  B  N  V  S  I  J  E  I  L  N  N
I  M  E  A  I  P  W  L  N  I  H  O  I  E  B
Z  S  G  X  Y  L  O  A  E  A  I  G  J  R  M
R  F  U  E  T  Q  I  F  A  L  D  O  H  A  G
E  X  P  O  N  E  N  T  R  Y  B  B  L  P  D
```

SUBTRACTION	MATRIX
DIAGRAM	ZERO
EXPONENT	INFINITE
FACTOR	SOLUTION
FORMULA	PROBLEM
FRACTION	SUM
GRAPH	FALSE
PARENTHESIS	VARIABLE
LINEAR	SIMPLIFY

16 - Activiteiten

```
C D X G N G M S L P B R K L M
L E A H Z X A K S E L Z Z U P
G P R N P X G I G N I K I H W
A A G A C A I L S O V S E Z Z
R I L T M I C L O H T M U Z T
D N P G X I N B S X G W G R M
E T R A Z K C G N I W E S R E
N I P E U H R S T F A R C C P
I N G R E L A X A T I O N I L
N G N I P M A C F I W N X X E
G S I W F I S H I N G J P A A
A Y T Y T E A C T I V I T Y S
E G N I D A E R K X Z N K P U
O R U G W V S S J C T V M K R
D Y H P A R G O T O H P R M E
```

ACTIVITY   MAGIC
CRAFTS   SEWING
DANCING   RELAXATION
PHOTOGRAPHY   PLEASURE
FISHING   PUZZLES
HUNTING   PAINTING
CAMPING   GARDENING
CERAMICS   SKILL
ART   LEISURE
READING   HIKING

17 - Vormen

```
P  I  M  F  S  F  E  R  E  H  P  S  R  M  S
M  R  C  J  I  G  D  S  N  Y  Q  L  E  O  Q
O  T  I  T  D  V  G  G  N  A  S  D  C  T  U
V  V  Y  S  E  X  E  S  O  L  T  Q  T  R  A
M  O  M  A  M  U  S  P  G  O  H  H  A  I  R
G  A  L  L  T  Q  W  X  Y  B  U  A  N  A  E
A  P  W  D  T  L  F  K  L  R  J  G  G  N  Q
E  B  U  C  R  A  S  A  O  E  A  T  L  G  Z
V  R  Z  O  E  W  Y  A  P  P  L  M  E  L  R
R  O  U  N  D  X  T  R  C  Y  P  I  I  E  T
U  C  O  R  N  E  R  C  I  H  J  L  N  D  B
C  O  N  E  I  K  U  O  R  Q  Y  X  D  E  N
O  V  A  L  L  I  S  H  C  U  M  U  C  Q  G
V  T  A  K  Y  U  Q  Y  L  Z  M  Z  E  X  E
J  K  K  C  C  M  V  F  E  R  W  N  D  Y  W
```

SPHERE	CUBE
ARC	LINE
CYLINDER	OVAL
CIRCLE	PYRAMID
CURVE	PRISM
TRIANGLE	EDGES
CORNER	RECTANGLE
HYPERBOLA	ROUND
SIDE	POLYGON
CONE	SQUARE

18 - Diplomatie

```
I N T E G R I T Y W C N H G N
C O M M U N I T Y B J L U O D
A M B A S S A D O R H A M V I
R E S O L U T I O N V N A E S
E C I T I Z E N S Z D G N R C
S I D D E C P M C S S U I N U
I T D I I K N I I W O A T M S
V S N C P L R Q H S L G A E S
D U V N Q L Z I T P U E R N I
A J K E C X O F E P T S I T O
E M B A S S Y M I R I Z A O N
C O N F L I C T A O O B N C O
S E C U R I T Y I T N M P Q E
T R E A T Y S C I T I L O P J
C O O P E R A T I O N C C A H
```

ADVISER	HUMANITARIAN
EMBASSY	INTEGRITY
AMBASSADOR	SOLUTION
CITIZENS	POLITICS
CONFLICT	GOVERNMENT
DIPLOMATIC	RESOLUTION
DISCUSSION	COOPERATION
ETHICS	LANGUAGES
COMMUNITY	SECURITY
JUSTICE	TREATY

19 - Astronomie

```
D T N Z W E T N R P N C E S Y
Y Y R O T A V R E S B O S Y T
G R A V I T Y A M C E N O O M
P C T R P G S Z O Y C S V D E
N C I O F T U A N O R T S A Q
A S T E R O I D O P A E R T U
C J D T T Q D N R L T L A E I
X O Y E E I P K T A S L D L N
E L S M K M L O S N X A I E O
F A E M C B N L A E R T A S X
H E R P O K E J E T U I T C Y
X O Q T R S B C Q T H O I O X
E C V S H H U K L H A N O P N
C O M E T I L P Z S Q S N E B
K V I X M V A U N I V E R S E
```

EARTH
ASTEROID
ASTRONAUT
ASTRONOMER
EQUINOX
COMET
COSMOS
MOON
METEOR
NEBULA

OBSERVATORY
PLANET
ROCKET
SATELLITE
STAR
CONSTELLATION
RADIATION
TELESCOPE
UNIVERSE
GRAVITY

20 - Emoties

```
F Q C S A T I S F I E D S S B
F Q A A E E X C I T E D U R O
R O L G B K X B K R Q E R T R
A E M X I W N M L E X K P R E
E C L C G J E S T I H C R A D
F A D A F O I Y E R S S I N O
I E M Y X Y S M N T S S S Q M
G P J T Z E N P K A E E E U M
R R B N V V D A I J N B I Z
J F A E B O W T N V D R T L P
G J F T L L S H D N A E D I T
L A V N E Y O Y N Q S D L T O
M R R O L F D K E W P N U Y E
F H N C W C U N S C H E H N M
A N G E R P D L S J L T C V B
```

FEAR	SYMPATHY
GRATEFUL	TENDERNESS
SADNESS	SATISFIED
BLISS	SURPRISE
CONTENT	BOREDOM
CALM	PEACE
LOVE	JOY
RELAXED	KINDNESS
EXCITED	ANGER
TRANQUILITY	

21 - Eten #2

```
G H Q S K Y U G J A W I W I K
O B W T Y X H D A O I U H X G
V A A X D T L B E E S E E H C
N S K N Q Q R D N O M L A M L
S P P O A O T J E H B P T G M
E A I S C N L L D I L P X W F
N R B B H Z A L V E Z A Y L Z
Y A L R F I S H L L B R E A D
J G R G O X Y Z L P G R A P E
B U F S T C E G G P L A N T C
H S J H A I C H C A E P E G I
A I W C M H Y O W E P G J G R
M E V E O I E I L N R H G Q W
L S B P T N E K C I H C Q P N
Y O G U R T M F W P U B O D Y
```

ALMOND
PINEAPPLE
APPLE
ASPARAGUS
EGGPLANT
BANANA
BROCCOLI
BREAD
GRAPE
EGG

HAM
CHEESE
CHICKEN
KIWI
PEACH
RICE
WHEAT
TOMATO
FISH
YOGURT

22 - Restaurant #1

```
C Z A T S X F S G A I M O D A
A P L X Q T N J G N N M E X T
C J Q O B S A U C E G E L N D
A B R E A D R E F H R A S E U
S S E R T I A W O C E T P K F
H C O F F E E J Q T D Y I C O
I B O W L T L H I I I E C I O
E O K U H A M N V K E D Y H D
R K Y S J L Q Q X B N A G C G
V M N E K P B L L P T Y R C B
H X D I U B G T R E S S E D F
R O V J F N A P K I N U L S I
D Q L H B E I H W Q D I L B P
R E S E R V A T I O N J A A N
B O C G Q Q P B F K H R Q U V
```

ALLERGY	MENU
PLATE	KNIFE
BREAD	SPICY
TO EAT	RESERVATION
INGREDIENTS	SAUCE
CASHIER	WAITRESS
KITCHEN	NAPKIN
CHICKEN	DESSERT
COFFEE	MEAT
BOWL	FOOD

23 - Geologie

```
P  S  T  P  C  C  S  Y  X  Z  C  V  F  Q  D
X  K  I  Y  R  A  A  P  B  J  O  B  I  U  X
L  J  J  X  Y  L  L  L  Q  S  N  O  O  S  J
I  A  D  D  S  C  T  A  N  E  T  F  N  X  B
B  I  V  O  T  I  L  T  P  K  I  G  D  O  E
K  M  R  A  A  U  U  E  O  A  N  V  F  Z  D
T  H  F  B  L  M  K  A  U  U  E  N  O  T  S
K  F  V  A  S  Q  Z  U  N  Q  N  Z  N  M  U
G  Q  E  R  O  S  I  O  N  H  T  J  A  C  J
V  E  U  B  T  Y  M  O  L  T  E  N  C  A  W
R  E  Y  A  L  F  C  F  C  R  G  Z  L  V  I
O  R  J  S  R  Q  G  E  O  A  O  O  O  E  H
A  C  I  D  E  T  Y  A  R  E  H  N  V  R  S
J  Q  H  D  C  R  Z  O  A  Q  P  E  G  N  A
O  V  F  O  S  S  I  L  L  E  H  T  Q  Q  J
```

EARTHQUAKE
CALCIUM
CONTINENT
EROSION
FOSSIL
GEYSER
MOLTEN
CAVERN
CORAL
CRYSTALS

QUARTZ
LAYER
LAVA
PLATEAU
STONE
VOLCANO
ZONE
SALT
ACID

24 - Specerijen

```
L B G N J K E V T F Z N S B F
R E S I N A H J A F K Z W I L
T M V H N N R V K N H P E T A
Q O T J C G R S O O I D E T V
P M F J U D E A N R L L T E O
W A K X M N V R I F N E L R R
J D P E I R O M O F C N A A C
A R P R N R L G N A Q N S Z I
P A V W I D C H V S T E G V N
T C P D U K C U R R Y F L U N
G A R L I C A N U T M E G S A
F A E Q B F E N U G R E E K M
C O R I A N D E R T A O D S O
B K W V Q M K V R S H L M B N
R A F O T L S C K F W E Y J H
```

ANISE	CLOVE
BITTER	NUTMEG
FENUGREEK	PAPRIKA
GINGER	SAFFRON
CINNAMON	FLAVOR
CARDAMOM	ONION
CURRY	VANILLA
GARLIC	FENNEL
CUMIN	SWEET
CORIANDER	SALT

25 - Archeologie

```
F W W X I E V A L U A T I O N
F O S S I L F O R G O T T E N
W H D E S C E N D A N T X Z P
S O C F C W A S M L G S M W J
K N I I I Y T I U Q I T N A V
S O L N V N F R U N K N O W N
T C E W O I D E R A G E K M L
E C R Z T S L I T S V M H Y U
E X T O M B K I N L L G E S T
Y A P R T F N K Z G W A Q T E
V T U E U T E A M A S R S E M
R E H C R A E S E R T F E R P
T A C R T T P Z T K B I N Y L
O B J E C T S T G V D D O W E
A N A L Y S I S C F R L B N A
```

ANALYSIS
CIVILIZATION
FINDINGS
BONES
EXPERT
EVALUATION
FOSSIL
FRAGMENTS
TOMB
MYSTERY

DESCENDANT
OBJECTS
UNKNOWN
RESEARCHER
ANTIQUITY
RELIC
TEAM
TEMPLE
ERA
FORGOTTEN

26 - Dans

```
E C A R G O D R S W M F N E C
V M R G S B I E Z P G C K X H
Q H O A N O F H J A O U W P O
C T V T J D S E X U T L A R R
X Y L R I Y L A L S U T C E E
Z H A A M O A R A I P U A S O
E R U S E V N S C L A R D S G
M U S I C N O A I U O A E I R
J O I J H D I L S F L L M V A
V U V S G N T T S Y Q T Y E P
R X M Y M Q I F A O I O U C H
B V Q P O D D Q L J I C J R Y
I R E N T R A P C D C A P V E
R F I P W X R P O S T U R E U
R J Z U E F T N E M E V O M A
```

ACADEMY	CLASSICAL
MOVEMENT	ART
JOYFUL	BODY
CHOREOGRAPHY	MUSIC
CULTURAL	PARTNER
CULTURE	REHEARSAL
EMOTION	RHYTHM
EXPRESSIVE	JUMP
GRACE	TRADITIONAL
POSTURE	VISUAL

27 - Ziekte

```
L A I R E T C A B S C O V X F
K U B W E A K A G M I F V U R
W B G D S U O I G A T N O C Y
Q C I N O R H C M D E Q U N H
N O I T A M M A L F N I P S E
Z F K N L X I Q X R E W T C A
B O D Y I M Y N A N G G T I L
I M M U N I T Y A B Z U M O I
Q B T H E A L T H L O J M S N
G L H S Y N D R O M E N G D G
R P E A L L E R G I E S E A A
T D R H E R E D I T A R Y S J
D I A R E S P I R A T O R Y P
Z F P H E A R T M J Q A Q O B
M S Y H T A P O R U E N D R O
```

RESPIRATORY	HEALTH
ALLERGIES	HEART
BACTERIAL	IMMUNITY
CONTAGIOUS	BODY
BONES	NEUROPATHY
ABDOMINAL	INFLAMMATION
CHRONIC	SINUS
HEREDITARY	SYNDROME
GENETIC	THERAPY
HEALING	WEAK

28 - Mythologie

```
W A R R I O R X Q S Q M W I A
A R C H E T Y P E S Z I V F X
H R E D N U H T C U L T U R E
T E Y T I L A T R O M M I R R
G T A I O J S D O S N R R L U
N S T V R I E A B U O C E I T
E N I Z E W L A T R O M V G A
R O R E H N E W L N Z T E H E
T M X J W I G P U O X B N T R
S I A U J Z E F W I U E G N C
B Q O W N X N R Q T K S E I A
E F E J T W D U C A X C Y N K
D I S A S T E R N E N N Q G Q
L A B Y R I N T H R O B B I Q
B E H A V I O R K C K B F J F
```

ARCHETYPE   JEALOUSY
LIGHTNING   STRENGTH
CREATION   WARRIOR
CULTURE   LEGEND
THUNDER   MONSTER
LABYRINTH   IMMORTALITY
BEHAVIOR   DISASTER
HERO   MORTAL
HEROINE   CREATURE
HEAVEN   REVENGE

29 - Eten #1

```
G A R L I C J T Z O H H P P L
O Z E R P C W Q P J K W C J U
C I N N A M O N E X R A G U S
A W T W M F H C A N I P S I A
F V P B X G O Y R S X D I C L
S T R A W B E R R Y O C E E A
V R W D U J N I U F J U H I D
B H Z S N Q A Q P Y S Q P G O
T O C I R P A B A S I L O K L
U S I M B R Y M S A L T B B N
N Q T O R R A C I B A R L E Y
A O A N O M E L G L Q J D L L
T T E I N S I S C O K E D X H
S U M O T H N N H I A E L H R
A T U N A E P A Q L V Y P G B
```

STRAWBERRY
APRICOT
BASIL
LEMON
BARLEY
CINNAMON
GARLIC
MILK
PEAR
PEANUT

SALAD
JUICE
SOUP
SPINACH
SUGAR
TUNA
ONION
MEAT
CARROT
SALT

30 - Avontuur

```
S A F E T Y G R C C X X D E J
E N T H U S I A S M T E A X P
D G Q P B Y R E V A R B N Y N
I B C H A N C E N Z A E G X O
F U E K H Z N P A Y V P E N P
F F N A N Z T O V L E F R E M
I R H U U B A V I Z L C O X B
C I O K S T J S G S S U U R A
U E K J F U Y O A O R S S S M
L N R Z M T A X T E R U T A N
T D P S O O X L I X P T C Q E
Y S L M Q U P H O I N T D X W
A C T I V I T Y N X N G J L E
P R E P A R A T I O N P O P Q
C H A L L E N G E S T N Y X Z
```

ACTIVITY	NEW
ENTHUSIASM	UNUSUAL
EXCURSION	TRAVELS
DANGEROUS	BEAUTY
CHANCE	CHALLENGES
BRAVERY	SAFETY
DIFFICULTY	PREPARATION
NATURE	JOY
NAVIGATION	FRIENDS

31 - Restaurant #2

```
X F K R H M S T P S X R S M D
V L P A M D E Z Q N F E J F E
J Q U S D A L A S S T G B I L
J U U L W B B T R E T A W C I
A A D Z L C A K E M E R F E C
S A E X U A T V N F S E G Y I
W P E J N K E T N U D V N L O
A A I C C Q G T I F W E J H U
W C I C H P E S D Q I B C X S
O Q J T E Z V E P U O S H U S
S A L T E S F L S O M X A W Y
E G G S K R I D H K O Y I U N
F O R K T G S O T Q T N R B Y
F R U I T C H O I M C U N D P
C N U N L W U N B E K V E W L
```

CAKE   NOODLES
DINNER   WAITER
BEVERAGE   SALAD
EGGS   SOUP
FRUIT   SPICES
VEGETABLES   CHAIR
DELICIOUS   FISH
ICE   FORK
SPOON   WATER
LUNCH   SALT

32 - De Media

```
N  T  A  D  D  Q  C  I  D  R  O  D  E  O  D
E  E  H  N  F  G  O  E  N  I  L  N  O  L  Z
W  L  L  H  E  J  M  K  V  D  G  V  P  I  J
S  E  O  L  D  L  M  E  S  T  U  I  K  D  N
P  V  C  E  I  A  E  M  N  D  W  S  T  E  F
A  I  A  R  T  U  R  Q  V  E  C  Z  T  A  X
P  S  L  A  I  T  C  U  H  I  T  Q  E  R  L
E  I  N  D  O  C  I  L  B  U  P  W  O  F  Y
R  O  P  I  N  E  A  F  A  C  T  S  O  B  H
S  N  Q  O  T  L  L  K  Y  D  G  E  U  R  L
P  Y  B  F  Q  L  F  U  N  D  I  N  G  E  K
D  T  I  W  S  E  D  U  T  I  T  T  A  S  B
F  O  N  O  I  T  A  C  I  N  U  M  M  O  C
H  Y  H  Y  I  N  D  I  V  I  D  U  A  L  J
H  B  P  E  T  I  O  P  I  N  I  O  N  C  V
```

COMMERCIAL
COMMUNICATION
DIGITAL
EDITION
FACTS
FUNDING
ATTITUDES
INDIVIDUAL
INDUSTRY

INTELLECTUAL
NEWSPAPERS
LOCAL
OPINION
NETWORK
ONLINE
PUBLIC
RADIO
TELEVISION

33 - Bijen

```
W D O U A N F P Y F V K L J I
E A H W T H R O E L W A X L N
Q O E I K R U L H O C M O U S
W U T G X Q I L O W L B K D E
O J E F U Q T I N E L L O P C
M A K E J A V N U R K F W U T
B M U Y N D S A S S A O E M E
F R Q T S W G T A G N G M O C
H A B I T A T O R N D G O S O
K W L S C O T R L I G G H S S
W S M R Y O R R N W D K R O Y
Y R O E B E N E F I C I A L S
L Z E V I H N E D R A G C B T
V W T I W O G O S T N M L N E
M A G D O O F T H F G S W S M
```

POLLINATOR	QUEEN
HIVE	SMOKE
FLOWERS	POLLEN
BLOSSOM	GARDEN
DIVERSITY	WINGS
ECOSYSTEM	FOOD
FRUIT	BENEFICIAL
HABITAT	WAX
HONEY	SUN
INSECT	SWARM

34 - Wandelen

```
E  C  P  R  E  P  A  R  A  T  I  O  N  H  Q
P  A  C  L  I  M  A  T  E  T  M  U  U  E  Y
Q  M  J  A  T  S  R  T  F  I  Q  A  S  A  K
H  P  W  U  V  E  U  E  Z  M  K  C  P  V  Q
R  I  N  I  A  T  N  U  O  M  H  X  B  Y  Y
U  N  B  D  L  Q  V  X  P  U  V  A  S  D  A
B  G  D  T  A  D  S  Q  W  S  V  V  E  O  K
A  M  E  O  R  I  E  N  T  A  T  I  O  N  Z
P  A  R  K  S  A  N  I  M  A  L  S  T  R  O
N  K  I  W  N  A  T  U  R  E  Q  D  I  L  O
K  W  T  Q  A  C  L  I  F  F  Y  R  U  Z  P
U  I  U  B  S  T  O  O  B  O  D  A  Q  L  H
W  P  K  Z  A  S  E  N  O  T  S  Z  S  I  E
U  A  A  U  X  V  H  R  X  R  C  A  O  H  D
X  M  T  K  X  L  C  A  N  W  J  H  M  S  T
```

MOUNTAIN	NATURE
ANIMALS	ORIENTATION
HAZARDS	PARKS
MAP	STONES
CAMPING	SUMMIT
CLIFF	PREPARATION
CLIMATE	WATER
BOOTS	WILD
TIRED	SUN
MOSQUITOES	HEAVY

35 - Ecologie

```
F  L  E  U  S  X  J  H  T  A  S  M  C  V  N
S  L  A  V  I  V  R  U  S  Y  E  A  Z  E  T
U  M  O  F  Q  T  S  J  A  W  I  R  J  G  D
S  O  Q  R  R  R  V  D  B  A  C  I  M  E  I
T  U  S  T  A  T  I  B  A  H  E  N  D  T  V
A  N  Z  X  A  S  T  N  A  L  P  E  M  A  E
I  T  V  F  T  V  H  A  I  W  S  P  O  T  R
N  A  F  I  E  P  E  T  A  M  I  L  C  I  S
A  I  O  A  R  T  S  U  H  E  P  M  Y  O  I
B  N  I  A  U  L  O  R  S  G  V  I  T  N  T
L  S  W  T  T  N  P  A  R  T  U  K  E  J  Y
E  H  G  K  A  S  A  L  A  O  B  O  I  M  Z
S  C  D  O  N  S  Z  Q  M  R  G  W  R  V  G
C  O  M  M  U  N  I  T  I  E  S  D  A  D  R
V  G  D  Y  J  G  G  L  O  B  A  L  V  N  L
```

MOUNTAINS	MARINE
DIVERSITY	MARSH
DROUGHT	NATURE
SUSTAINABLE	NATURAL
FAUNA	SURVIVAL
FLORA	PLANTS
COMMUNITIES	SPECIES
GLOBAL	VARIETY
HABITAT	VEGETATION
CLIMATE	

36 - Biologie

```
E A Z M F Y K Y Y G I U U U B
V P Z U S Y M B I O S I S I A
O N C T P D D I W J Z Q D Z H
L O O A I R E T C A B K P Q O
U I L T G J O A N A T O M Y R
T T L I X I Q T R D H Y M A M
I A A O G X C L E M V R A P O
O R G N O R U E N I L B M O N
N I E X L A R U T A N M M O E
T P N P V O L E N N T E A S A
J S Y N A P S E P E W F L M N
A E M Y Z N E U P T R D W O C
S R P C X S Y J B O I V J S E
C H R O M O S O M E N L E I L
K I S T U W T S U W I V E S L
```

RESPIRATION
ANATOMY
BACTERIA
CELL
CHROMOSOME
COLLAGEN
PROTEIN
EMBRYO
ENZYME
EVOLUTION

HORMONE
MUTATION
NATURAL
NEURON
OSMOSIS
REPTILE
SYMBIOSIS
SYNAPSE
NERVE
MAMMAL

37 - Landen #1

```
P H E U E L I H C Z P U Z O Q
Q B I L X W I G E R M A N Y J
X H Q Q X M P B W H E H E X J
I S R A E L Z N Y R Y N D J Q
U B L R T A B Q L A I V T A L
N Z L I Z A R B A J N X P P N
M O T Z K C U Y T A O I Y O I
U O R E W W H L I B J K G L C
I E R W R O M A N I A H E A A
G Q Q O A Q E V I P D G I N R
L M N Z C Y U P A N A M A D A
E R S N C C A X P I N C J N G
B G H W Z S O M S Z A U I N U
Q B M D Y W V P T I C Y D C A
C A M B O D I A S E N E G A L
```

BELGIUM
BRAZIL
CAMBODIA
CANADA
CHILE
GERMANY
EGYPT
IRAQ
ISRAEL
ITALY

LATVIA
LIBYA
MOROCCO
NICARAGUA
NORWAY
PANAMA
POLAND
ROMANIA
SENEGAL
SPAIN

38 - Installaties

```
K  T  W  R  G  B  P  T  R  R  A  Y  V  I  B
F  O  L  I  A  G  E  R  Z  E  C  V  E  S  I
A  O  O  V  E  X  W  D  Q  Z  O  Q  G  C  R
H  B  X  B  B  D  E  M  G  I  J  A  E  E  Q
D  M  P  T  V  T  L  E  K  L  F  G  T  F  A
D  A  C  W  H  N  I  I  K  I  C  K  A  R  I
T  B  N  A  E  B  Y  N  A  T  O  B  T  O  Y
A  N  E  D  R  A  G  B  E  R  R  Y  I  O  Q
S  I  R  F  B  O  C  F  A  E  E  T  O  T  U
T  S  E  R  O  F  L  L  L  F  Q  R  N  G  J
B  U  S  H  M  X  H  F  W  O  U  E  L  S  U
O  T  G  K  O  B  O  T  F  L  W  E  P  H  N
N  C  S  W  S  G  R  A  S  S  E  E  D  Y  E
W  A  S  A  S  C  F  Z  U  W  Z  A  R  Z  C
D  C  P  K  X  W  E  P  Q  K  W  A  F  J  Y
```

BAMBOO	GRASS
BERRY	IVY
LEAF	HERB
FLOWER	FERTILIZER
TREE	MOSS
BEAN	BOTANY
FOREST	BUSH
CACTUS	GARDEN
FLORA	VEGETATION
FOLIAGE	ROOT

39 - Agronomie

```
M E R U T L U C I R G A O P E
S K N O I T U L L O P N R R N
C N W V H H S D E E S P G O E
I G I J I C Z Y C V Q G A D R
E F O O D R W S S G D H N U G
N F M A M A O J O T F L I C Y
C E O H I E G N S R E W C T G
E R V O T S M J M C S M E I O
W T J V P E J Y W E S K S O L
A I K G R R D A B X N H G N O
T L L A R U R T O K G T V A C
E I N D B O E R O S I O N U E
R Z I K X V W D I S E A S E S
G E S E L B A T E G E V K N G
E R Q T O T G U H K H K M E V
```

ECOLOGY	ORGANIC
ENERGY	PRODUCTION
EROSION	SYSTEMS
GROWTH	POLLUTION
VEGETABLES	FOOD
AGRICULTURE	WATER
RURAL	SCIENCE
FERTILIZER	SEEDS
ENVIRONMENT	DISEASES
RESEARCH	

40 - Oceaan

```
K R A H S S K U G Z E M W Z Z
A G E T U N A B L Z Q B E N L
W V L E F C O M X K M O S A C
H R T D F Y X D T R S A H J E
A O R E O S P O N G E T R P T
L C U K Z L Q O G I D W I X U
E T T C O R P E H F I V M A C
C O S A L T Z H S X T Y P M M
W P S T O R M S I O Y S T E R
G U Y E U U C I F N J W A U A
T S U E T J E F Y L G A B A Z
B T G L Z P E V L H R E Q H T
A L G A E E P E L L E T W K R
R C A K W D C B E X E K Y X Q
C O R A L B Z W J I I C E Q H
```

EEL	OCTOPUS
ALGAE	OYSTER
BOAT	REEF
DOLPHIN	TURTLE
SHRIMP	SPONGE
TIDES	STORM
SHARK	TUNA
CORAL	FISH
CRAB	WHALE
JELLYFISH	SALT

41 - Landen #2

```
D T G M W L A I S E N O D N I
C P M R L A I P O I H T E U Q
L A O S E P H W I O H Z N A B
C Q S E U E T M Q O Q D M V M
B G K N T N C N L A D N A G U
R F P I A I R E G I N A R J F
M A L A Y S I A P S P L K A R
L T A R L J J F B S U E Z P A
C I F K D E O U Z U T R U A N
J J B U Z O B V Q R H I P N C
L K G E V F D A I L A M O S E
B L X M R M C Y N W L W F S J
S Y R I A I N N U O C I X E M
G K M L O G A E R H N D N Z Y
I T P L P R B K X X S X I L R
```

DENMARK	LIBERIA
ETHIOPIA	MALAYSIA
FRANCE	MEXICO
GREECE	NEPAL
IRELAND	NIGERIA
INDONESIA	UGANDA
JAPAN	UKRAINE
KENYA	RUSSIA
LAOS	SOMALIA
LEBANON	SYRIA

42 - Bloemen

```
V K I J B O U Q U E T R G D P
W F H A Q M X Y P F Q S H A A
K U Z S U C S I B I H S H I S
Q V N M R R E W O L F N U S S
A R A I A H J W T C K F V Y I
I F W N N J B I G P D I B D O
L A T E P D L I L Y O B W R N
O I A R O Z R A L G Y P G M F
N R D A N D E L I O N Y P H L
G E C V F O V P D N O V O Y O
A M L H L B O X O A E S O R W
M U X L I Z L O F M P D K E E
S L Q K L D C W F Q W U R I R
O P T U L I P N A I I O K A V
S K E Q Z R R E D N E V A L G
```

PETAL	DAFFODIL
BOUQUET	ORCHID
GARDENIA	DANDELION
HIBISCUS	POPPY
JASMINE	PASSIONFLOWER
CLOVER	PEONY
LAVENDER	PLUMERIA
LILY	ROSE
DAISY	TULIP
MAGNOLIA	SUNFLOWER

43 - Landschappen

```
U D E D J C L C T K M V T S J
V O L C A N O Z J S O A M W K
C F R Y L R E S Y E G L N A V
E A O G U E D M E O B L Q M Y
T E V R S V W N W H E E M P B
E S J E N I R D U F A Y K R S
U H D B I R P H A T C T A E S
C Z L E N B L P N W H P T I R
K J C C E N R O I L R D R C P
L T L I P R L L A F R E T A W
A I S L A N D T T E I S Q L C
K O A S I S Y J N C R E M G K
E A M Z Y H K U U K R R Y T P
O C E A N J S X O T X T N K Z
C K Z O M S J Y M L K P E A U
```

MOUNTAIN
ISLAND
GEYSER
GLACIER
CAVE
HILL
ICEBERG
LAKE
SWAMP
OASIS

OCEAN
RIVER
PENINSULA
BEACH
TUNDRA
VALLEY
VOLCANO
WATERFALL
DESERT
SEA

44 - Tuin

```
T P C R T S J H I I E N Y V G
R Y K S J R C D L F D O H K A
A L A W N S E C N E F A A N R
M R E W O L F E P C E P M R D
P E S V J V J N W A K O M M E
O Q O V O Q Q I U R J R O P N
L T H A D H S V Z R I C C O V
I D S Y A C S D E E W H K N M
N X U G U N S K H T S A G D O
E O B M Z E A K C Y A R Y X W
G L L J Y B R W W O O D R S T
A B D W Z Y G P J R R Y L M U
R M I H F C R A K E A Z X D W
A K T L S N X F V L F G J L N
G S D G H Y Q J B S G H F D R
```

BENCH	WEEDS
FLOWER	ROCKS
TREE	SHOVEL
ORCHARD	HOSE
GARAGE	BUSH
LAWN	TERRACE
GRASS	TRAMPOLINE
HAMMOCK	GARDEN
RAKE	POND
FENCE	VINE

45 - Beroepen #2

```
S J R E N E D R A G K K C P E
V R E H C R A E S E R V S H N
T E A C H E R U N M B L P O G
A S T R O N A U T T I E K T I
D E X N A I R A R B I L V O N
P A I N T E R N H J U S X G E
I L L U S T R A T O R K T R E
F B I O L O G I S T M E V A R
D A N D I H V C I S R B L P J
D D R M M T S I U G N I L H E
L T W M Q X G S M F E H T E B
W A D P E A P Y T Q Z M Q R A
P I L O T R F H S U R G E O N
T N V M R E H P O S O L I H P
D E T E C T I V E E R K C G A
```

PHYSICIAN   ILLUSTRATOR
ASTRONAUT   ENGINEER
LIBRARIAN   TEACHER
BIOLOGIST   LINGUIST
FARMER   RESEARCHER
SURGEON   PILOT
DETECTIVE   PAINTER
PHILOSOPHER   DENTIST
PHOTOGRAPHER   GARDENER

46 - Dagen en Maanden

```
O C T O B E R T S U G U A S T
W L L H H R H J U V C S W M H
S E P T E M B E R E I G F A U
L M R N P M Q Z A P S N Q R R
Q Q A O J V W P D S B D M C S
L T V M Q C E L N W W B A H D
S U N D A Y E G E I F T B Y A
F H M J K Z K W L X T I Q A Y
M E N Q B H J J A P J D M D B
O N B K D V W S C V A F O S C
N U O R A E Y N O V E M B E R
D J X V U S A T U R D A Y N C
A K U F I A T S A A O H Y D T
Y B R L W Y R A U N A J B E W
I R F A Y L Q Y A D I R F W C
```

AUGUST	MONDAY
TUESDAY	MARCH
THURSDAY	NOVEMBER
FEBRUARY	OCTOBER
YEAR	SEPTEMBER
JANUARY	FRIDAY
JULY	WEEK
JUNE	WEDNESDAY
CALENDAR	SATURDAY
MONTH	SUNDAY

47 - Mode

```
Y Y U J F Y X O A E X X J A I
R V R R A A K R F L F B O Z T
E F U H B T B I F E J Y N W B
D X X N R X N G O G M N W V C
I J P R I A G I R A I L N S G
O Z V E C M L N D N N C A T Y
R I G T N T A A A T I L B C B
B B S T R S C L B H M O Y M E
M E N A E E I P L C A T M O L
E S O P D D T V E E L H O U P
P B T M O O C P E B I I D D M
G B T Y M M A O Y W S N N Y I
T U U M L M R D J S T G E L S
A K B L V E P T E X T U R E A
C O M F O R T A B L E C T D M
```

MODEST
AFFORDABLE
EMBROIDERY
COMFORTABLE
EXPENSIVE
SIMPLE
ELEGANT
LACE
CLOTHING
BUTTONS

MINIMALIST
MODERN
ORIGINAL
PATTERN
PRACTICAL
STYLE
FABRIC
TEXTURE
TREND

48 - Tuinieren

```
B  J  X  H  C  B  K  G  E  B  U  S  C  B  O
L  Z  Z  B  O  E  O  V  Y  N  A  Z  O  O  R
O  G  P  Z  M  V  L  U  R  W  F  H  N  T  C
S  M  P  G  P  L  H  L  Q  J  W  I  T  A  H
S  T  E  P  O  A  O  E  P  U  G  D  A  N  A
O  U  J  J  S  R  S  A  E  A  E  Y  I  I  R
M  I  K  F  T  O  E  F  L  D  N  T  N  C  D
C  D  V  A  Q  L  T  T  E  S  I  I  E  A  V
S  D  E  E  S  F  A  G  A  H  C  B  R  L  M
E  I  F  Z  E  Z  M  F  D  W  U  U  L  N  S
I  D  P  E  G  A  I  L  O  F  J  V  I  E  Q
C  Q  Y  A  Y  R  L  K  D  U  S  U  O  S  S
E  X  O  T  I  C  C  H  I  Y  Z  J  S  Q  M
P  K  H  C  G  O  Y  E  R  U  T  S  I  O  M
S  E  A  S  O  N  A  L  T  A  D  P  K  I  Y
```

LEAF	EXOTIC
FLORAL	FOLIAGE
BLOSSOM	CLIMATE
SOIL	SEASONAL
BOUQUET	HOSE
ORCHARD	SPECIES
BOTANICAL	MOISTURE
COMPOST	DIRT
CONTAINER	WATER
EDIBLE	SEEDS

49 - Menselijk Lichaam

```
A E K T T O N G U E S S U I U
E A B R A I N I H C K D R J M
C A Y A F T C M E S I A J A W
T G Z E E N K O C K N F U P E
A Z I H C A M O T S K J Y X S
M I D A T H V L F I N G E R O
C L U N L U D S T V C Z T S N
J R E D L U O H S V Q L V Z K
T B A J D A O M P Y T F P K K
G S Z S X S L W R K R K E P Z
E K A S G I B Q C C Y G T C D
L H F N U A Z H M G Q F V F P
B H K R K T Z E E M Q E R I B
O H X F B L B A R F P A W G R
W C K B H X E D N E C K L E G
```

LEG	CHIN
BLOOD	KNEE
ELBOW	STOMACH
ANKLE	MOUTH
HAND	NECK
HEART	NOSE
BRAIN	EAR
HEAD	SHOULDER
SKIN	TONGUE
JAW	FINGER

50 - Energie

```
M  W  I  N  D  I  Z  L  N  R  E  C  C  G  B
R  A  E  L  C  U  N  Q  K  F  F  M  A  P  A
E  I  E  G  Y  Y  G  D  Q  B  I  O  R  H  T
L  V  L  T  O  Q  A  L  U  O  N  T  B  U  T
E  B  V  Y  S  Y  S  Z  L  S  F  O  O  Y  E
C  B  H  L  P  H  O  K  K  L  T  R  N  D  R
T  W  Q  U  N  K  L  B  S  Y  N  R  X  I  Y
R  H  N  X  I  X  I  F  Z  P  H  V  Y  E  F
I  D  T  S  D  W  N  O  T  O  H  P  H  S  J
C  N  O  R  T  C  E  L  E  R  C  O  H  E  M
P  O  L  L  U  T  I  O  N  T  A  S  J  L  F
H  Y  D  R  O  G  E  N  L  N  E  Y  S  J  Y
J  Y  J  Q  B  W  B  I  H  E  A  T  M  E  K
U  R  P  F  E  E  N  I  B  R  U  T  X  I  J
E  N  V  I  R  O  N  M  E  N  T  F  D  K  Q
```

BATTERY	MOTOR
GASOLINE	NUCLEAR
FUEL	ENVIRONMENT
DIESEL	STEAM
ELECTRIC	TURBINE
ELECTRON	POLLUTION
ENTROPY	HEAT
PHOTON	HYDROGEN
INDUSTRY	WIND
CARBON	

51 - Familie

```
A  S  E  Z  T  T  W  Q  T  C  Y  R  H  M  G
U  W  G  H  L  E  A  I  F  Z  L  E  J  O  R
N  E  R  D  L  I  H  C  F  G  Y  H  U  T  A
T  C  E  L  P  O  P  S  X  E  B  T  N  H  N
B  E  H  I  P  D  K  O  P  V  Y  O  C  E  D
Q  I  T  H  D  A  U  G  H  T  E  R  L  R  F
V  N  O  C  Q  F  A  T  H  E  R  B  E  S  A
P  Q  M  G  Y  K  Y  U  D  I  N  T  T  I  T
A  A  D  R  O  T  S  E  C  N  A  I  Z  S  H
T  H  N  A  N  E  P  H  E  W  A  W  W  T  E
E  L  A  N  U  Y  H  V  E  T  B  B  R  E  R
R  U  R  D  O  O  H  D  L  I  H  C  S  R  R
N  Y  G  S  L  O  P  M  R  E  E  Y  G  U  R
A  A  H  O  G  R  A  N  D  C  H  I  L  D  H
L  Q  B  N  J  I  B  Z  D  Q  G  C  S  Q  A
```

BROTHER	NEPHEW
DAUGHTER	NIECE
GRANDMOTHER	UNCLE
CHILDHOOD	GRANDFATHER
CHILD	AUNT
CHILDREN	FATHER
GRANDCHILD	PATERNAL
GRANDSON	ANCESTOR
HUSBAND	WIFE
MOTHER	SISTER

52 - Gebouwen

```
N F R Y M Y S S A B M E S S S
F A C T O R Y M U S E U M U T
R B Z I R O A R G U K P U P W
H S P S G T H F P O J H I E C
O K L R I A M O S Y N I D R A
S O P E B R Z G T N E T A M S
P V Y V A O J P R E U L T A T
I A Q I R B B V L S L K S R L
T G T N N A C I N E M A Z K E
A W M U I L O O H C S Q G E Z
L V Q R V B U V T Y W Z W T W
Q Z Y S J K A U O H Z Q C P U
T H E A T E R C W S Q Z O C C
E E A F V E T N E M T R A P A
X K Y R O T A V R E S B O A P
```

EMBASSY   OBSERVATORY
APARTMENT   SCHOOL
CINEMA   BARN
FARM   STADIUM
CABIN   SUPERMARKET
FACTORY   TENT
HOTEL   THEATER
CASTLE   TOWER
LABORATORY   UNIVERSITY
MUSEUM   HOSPITAL

53 - Kunst

```
C  I  N  S  P  I  R  E  D  O  R  P  H  P  P
M  R  J  M  S  I  L  A  E  R  R  U  S  O  A
C  V  E  D  Y  S  O  G  P  I  E  M  F  R  I
V  O  Q  A  R  V  B  T  E  G  X  D  C  T  N
C  Y  M  A  T  B  M  N  R  I  P  A  H  R  T
E  O  Q  P  E  E  Y  T  S  N  R  G  S  A  I
T  U  M  N  O  P  S  E  O  A  E  C  Y  Y  N
E  D  E  P  P  S  T  R  N  L  S  E  W  X  G
F  M  L  B  L  G  I  U  A  F  S  R  S  W  S
Z  L  P  N  P  E  D  T  L  W  I  A  U  V  M
S  A  M  O  O  D  X  P  I  W  O  M  B  R  U
E  U  I  W  F  V  P  L  I  O  N  I  J  L  Z
V  S  S  R  O  C  W  U  E  J  N  C  E  U  V
F  I  G  U  R  E  V  C  K  J  Z  S  C  Z  O
Y  V  D  U  Y  P  T  S  E  N  O  H  T  I  B
```

SCULPTURE	ORIGINAL
COMPLEX	PERSONAL
CREATE	POETRY
SIMPLE	PORTRAY
HONEST	COMPOSITION
FIGURE	PAINTINGS
INSPIRED	SURREALISM
MOOD	SYMBOL
CERAMIC	EXPRESSION
SUBJECT	VISUAL

54 - Beroepen #1

```
Y G T S I G O L O H C Y S P J
P I A N I S T V U X A E H V E
P H A R M A C I S T R N U E W
H E W F B A N K E R T R N T E
X D R E B M U L P I O O T E L
D G E O L O G I S T G T E R E
P O M D D Z D F X O R T R I R
B E C U Q A E Z L N A A A N A
D Y X T S E S R U N P L T A W
F B Y A O I Q S N M H E H R L
U W Y J X R C B A M E T L I M
E D I T O R Z I Z B R O E A F
R D A N C E R G A Y M F T N Y
S C I E N T I S T N E A E F K
K B I A S T R O N O M E R U N
```

ATTORNEY	EDITOR
AMBASSADOR	GEOLOGIST
PHARMACIST	HUNTER
ASTRONOMER	JEWELER
ATHLETE	PLUMBER
BANKER	MUSICIAN
CARTOGRAPHER	PIANIST
DANCER	PSYCHOLOGIST
VETERINARIAN	NURSE
DOCTOR	SCIENTIST

55 - Antarctica

```
P  T  Y  H  P  A  R  G  O  P  O  T  W  I  Q
S  N  I  U  G  N  E  P  L  C  L  O  U  D  S
G  E  O  G  R  A  P  H  Y  A  P  I  Y  Z  J
A  N  P  G  X  Y  K  L  I  C  C  H  T  O  B
L  I  X  E  I  K  J  W  U  O  F  I  N  L  R
U  T  Y  R  N  C  P  Q  V  N  E  S  E  M  N
S  N  I  U  B  O  E  R  C  S  X  C  M  R  S
N  O  I  T  A  R  G  I  M  E  P  I  N  M  S
I  C  I  A  Y  E  L  M  Y  R  E  E  O  I  D
N  H  V  R  V  T  X  E  L  V  D  N  R  N  N
E  L  S  E  S  A  D  H  T  A  I  T  I  E  A
P  T  B  P  L  W  U  O  U  T  T  I  V  R  L
U  B  V  M  U  E  S  E  E  I  I  F  N  A  S
L  S  R  E  Z  X  F  X  R  O  O  I  E  L  I
B  O  R  T  B  T  F  E  I  N  N  C  T  S  I
```

BAY	ENVIRONMENT
CONSERVATION	PENGUINS
CONTINENT	ROCKY
ISLANDS	PENINSULA
EXPEDITION	TEMPERATURE
GEOGRAPHY	TOPOGRAPHY
GLACIERS	WATER
ICE	SCIENTIFIC
MIGRATION	CLOUDS
MINERALS	

56 - Ballet

```
P U M S H K X G Q I A Z J I D
X R K C X D Q E K E H M R N A
B Y A Q I P R S Z V Q A W T N
A A I C E C I T S I T R A E C
U O L Z T O A U V S Q A R N E
D R L L W I N R X S J P E S R
I C I P E G C E Y E O P H I S
E H K K U R R E R R G L E T E
N E S L Q I I A X P X A A Y L
C S F U I S R N C X L U R S C
E T V E N B S M A E J S S T S
B R B M H T Y H R F F E A Y U
Q A P C C I S U M I W U L L M
C H O R E O G R A P H Y L E F
A Q I M T C O M P O S E R N A
```

APPLAUSE
ARTISTIC
BALLERINA
CHOREOGRAPHY
COMPOSER
DANCERS
EXPRESSIVE
GESTURE
INTENSITY
MUSIC

ORCHESTRA
PRACTICE
AUDIENCE
REHEARSAL
RHYTHM
GRACEFUL
MUSCLES
STYLE
TECHNIQUE
SKILL

57 - Fruit

```
B M E L O N P L U M T K D M M
R A R R A Z Y D V J R B I J N
A Y N O M E L E Y C Q U D W S
S O D A C O V A T Y M X I A I
P N P B N H E L P P A E N I P
B E E Y E A P M Y C N Q A A T
E C A L A R A Y X L G D P P C
R T R Y X E R Y G E O O R P A
R A N Z H Y G Y G A T C I L D
Y R R E H C O R A N G E C E G
U I Q P C C O C O N U T O C R
G N U C A P A P A Y A P T R Y
P E Q Q E C X I V S A A O W H
Z P P U P K T A F H A G F M I
Y G M S K A M W E Q B Z H M Z
```

APRICOT	KIWI
PINEAPPLE	COCONUT
APPLE	MANGO
AVOCADO	MELON
BANANA	NECTARINE
BERRY	ORANGE
LEMON	PAPAYA
GRAPE	PEAR
RASPBERRY	PEACH
CHERRY	PLUM

58 - Engineering

```
S D Z N M E A S U R E M E N T
T L H V T W I T M D E P T H P
A S T R E N G T H O X E L A R
B A J O X V D D D S T H C X O
I M M T F S X I I D Z I K I P
L L N O F X A P A A X C O S U
I C R M F A I M S M G E L N L
T R O T A T I O N F E R L M S
Y G R E N E G H G X D T A R I
D I E S E L E A N G L E E M O
L C O N S T R U C T I O N R N
F R I C T I O N M A C H I N E
V E I E L N U W H G L L K T N
M G F C A L C U L A T I O N E
L I Q U I D S T R U C T U R E
```

AXIS
CALCULATION
MOTION
CONSTRUCTION
DIAGRAM
DIAMETER
DEPTH
DIESEL
ENERGY
ANGLE

STRENGTH
MACHINE
MEASUREMENT
MOTOR
ROTATION
STABILITY
STRUCTURE
LIQUID
PROPULSION
FRICTION

59 - Literatuur

```
A  B  N  M  T  W  D  S  T  A  S  W  O  W  J
X  N  C  C  P  C  X  T  H  B  U  P  Z  E  P
H  L  E  V  O  N  T  Y  E  B  H  T  U  O  S
Y  C  M  C  A  A  S  L  M  Q  D  Q  H  Q  J
R  B  Y  M  D  P  A  E  E  H  F  D  N  O  I
N  Y  H  Z  C  O  C  B  K  H  T  G  D  C  R
O  B  R  E  W  B  T  X  D  P  J  Y  X  Z  T
I  Z  T  P  M  B  G  E  N  F  Y  J  H  H  M
T  R  A  G  E  D  Y  G  O  L  A  N  A  R  N
C  I  T  E  O  P  S  S  I  S  Y  L  A  N  A
I  M  D  L  P  B  A  U  N  M  G  K  A  D  V
F  Q  C  A  E  N  O  S  I  R  A  P  M  O  C
J  L  F  R  G  Q  Y  H  P  A  R  G  O  I  B
N  M  M  E  D  I  A  L  O  G  U  E  P  P  T
C  O  N  C  L  U  S  I  O  N  G  W  D  D  H
```

ANALOGY	OPINION
ANALYSIS	POETIC
ANECDOTE	RHYME
AUTHOR	RHYTHM
BIOGRAPHY	NOVEL
CONCLUSION	STYLE
DIALOGUE	THEME
FICTION	TRAGEDY
POEM	COMPARISON

60 - Boeken

```
D L H D A E W R L U Q K F W I
J Y Z H O M T X P V T B C R N
D X J N H P A G E N H Y X I V
T K D O N A R R A T O R M T E
V A Q I H U M O R O U S B T N
E R U T N E V D A O T D Y E T
Z M R C I G A R T V N Q T N I
N O V E L A C I R O T S I H V
C R D L D M I W O X A D L N E
O N H L L A P S H R Y X A T O
N J I O D A E S T O R Y U S B
T K X C Y L N R U M T L D P C
E P Z E E V Y R A R E T I L U
X R E L E V A N T I O O M J S
T F B R Z D M E M J P X P Z K
```

AUTHOR	HUMOROUS
ADVENTURE	INVENTIVE
PAGE	READER
COLLECTION	LITERARY
CONTEXT	POETRY
DUALITY	RELEVANT
EPIC	NOVEL
POEM	TRAGIC
WRITTEN	STORY
HISTORICAL	NARRATOR

61 - Meer Informatie

```
D P M L E F E R I F Q S Z I W
Y E N T X P U X W O R L D L R
S X Z B P D V T T U G U H L O
T Y X A L A G X U R K O Z U H
O I U I O M P T Z R E P N S J
P X O P S F O U N P I M S I X
I V F O I R A N E C S S E O E
A U X T O T E N A L P K T N R
U Q P U N C X N T A J O A I F
I M A G I N A R Y A L O M B C
T E C H N O L O G Y S B E P C
O R A C L E W V S O Z T N Y I
R R O B O T S M D D L B I W A
M Y S T E R I O U S D L C C W
J D V H R E A L I S T I C V V
```

CINEMA   MYSTERIOUS
BOOKS   ORACLE
FIRE   PLANET
IMAGINARY   REALISTIC
DYSTOPIA   ROBOTS
EXPLOSION   SCENARIO
EXTREME   GALAXY
FANTASTIC   TECHNOLOGY
FUTURISTIC   UTOPIA
ILLUSION   WORLD

62 - Regenwoud

```
C O V D N A T U R E C M I Q K
R L A V I V R U S E L A N R P
A B W Q O V E L J R I M D Y R
R P M S T C E S N I M M I A E
B I R D S V P R X N A A G M S
V A L U A B L E S O T L E P E
R E S P E C T B S I E S N H R
J U N G L E Z O O T T T O I V
B K Z N F R R T M A H Y U B A
A K Y E B E U A J R Z E S I T
N S Y E K F H N H O I L D A I
T Y N D X U G I B T Z R U N O
Q P O G K G F C R S R P O S N
Z Q Z P R E V A X E I T L R Q
S P E C I E S L Z R K P C F O
```

AMPHIBIANS   SURVIVAL
PRESERVATION   RESPECT
BOTANICAL   RESTORATION
DIVERSITY   SPECIES
INDIGENOUS   REFUGE
INSECTS   BIRDS
JUNGLE   VALUABLE
CLIMATE   CLOUDS
MOSS   MAMMALS
NATURE

63 - Haartypes

```
S H U K Q P K F C V S B B L M
L C E C H I F N D L A B M Z E
R Y A A W U J D E D I A R B E
U P B L L Q L D R Y A R G R C
C J E B P T P J O T C L N V P
C U R L Y R H P L T I W O U M
A R V A O O M Y O R P A L F R
N J Z M H H M T C T B V Z B T
J U Q G O S O F T W D Y S Y R
S I L V E R D B R O W N A L A
X Y Q C G O L S G N T T O F Z
E T A A Q N Y V R Q O P Y L C
T T J U Z I X W H I T E X C B
O Y R D T H I C K H H A Y T X
I L Z C R T R P O Q S Y G F M
```

BLOND
BROWN
THICK
DRY
THIN
COLORED
BRAIDED
HEALTHY
WAVY
GRAY

SCALP
BALD
SHORT
CURLS
CURLY
LONG
WHITE
SOFT
SILVER
BLACK

64 - Stad

```
F S L N J X S Y C A M R A H P
L C N K O C U B I M U U Z I Q
O H L J F K P O N U I N T O F
R O O R T E E O E S D I Q G O
I O T E R D R K M E A V R G L
S L E T O H M S A U T E B S K
T Q Q A P O A T Q M S R Q X T
B A K E R Y R O Z B Y S A N R
O G V H I R K R O N R I C U O
E B F T A A E E R C E T T X B
D L Y E I R T R T R L Y F L S
H N E K I B R O L M L I K O M
H L H R J I J T E R A L N B T
V B E A X L L S K P G X A I V
H B J M K B K L J I P E B D C
```

PHARMACY
BAKERY
BANK
LIBRARY
CINEMA
FLORIST
BOOKSTORE
ZOO
GALLERY
HOTEL

CLINIC
AIRPORT
MARKET
MUSEUM
SCHOOL
STADIUM
SUPERMARKET
THEATER
UNIVERSITY
STORE

65 - Creativiteit

```
T I E I C V X T L L E N K N E
W N S L M L Z Q S K I O C O M
O T V I B A A X E A Y I W I O
Y E G A M I G R J O S T L S T
T N C I S T S I I L L I K S I
I S J V R G O X N T Z U V E O
L I V I S I O N S A Y T A R N
A T E R S U O E N A T N O P S
T Y A R T I S T I C O I D X E
I N S P I R A T I O N Y O E A
V I M P R E S S I O N I V N T
B N D G Q G S E N S A T I O N
K Q R A U T H E N T I C I T Y
I N V E N T I V E G E B D X A
D R A M A T I C Y N O P M P I
```

ARTISTIC
IMAGE
DRAMATIC
AUTHENTICITY
EMOTIONS
SENSATION
CLARITY
IMPRESSION
INSPIRATION

INTENSITY
INTUITION
INVENTIVE
SPONTANEOUS
EXPRESSION
SKILL
IMAGINATION
VISIONS
VITALITY

66 - Natuur

```
T G E Z T U C B A T C W Z J X
S R E V I R G E A T G Z V A K
E E O Y X D D A Q H D H V N A
R I W P D F S U Z J C G S K N
O C C T I E B T S F F I L C U
F A W Y S C S Y D E M M A Y T
T L A T I V A E A R R N M S A
D G O F Z N T L R X G E I K R
S A N C T U A R Y T Q R N H C
I E T D Y N A M I C C Y A E T
E R O S I O N W I L D T X B I
C L O U D S R K W H N N J B C
O A V X V I Y V M M Q O D U F
S H E L T E R Q F P E P C T A
F O L I A G E A H W B E E S J
```

ARCTIC	FOG
BEES	RIVER
FOREST	BEAUTY
ANIMALS	SHELTER
DYNAMIC	SERENE
EROSION	TROPICAL
FOLIAGE	VITAL
GLACIER	WILD
SANCTUARY	DESERT
CLIFFS	CLOUDS

67 - Zoogdieren

```
R  B  E  E  T  Z  Y  E  K  N  O  M  Q  I  X
W  A  L  L  I  R  O  G  L  C  O  Y  O  T  E
H  A  B  B  K  L  O  U  D  E  P  G  O  B  S
A  W  Z  B  K  P  R  V  O  Q  P  H  V  U  R
L  X  N  R  I  P  A  C  L  S  C  H  Z  L  O
E  Z  N  P  K  T  G  L  P  D  H  V  A  L  H
D  O  N  K  E  Y  N  Q  H  O  N  X  W  N  F
L  P  O  P  J  V  A  F  I  G  C  B  H  D  T
F  F  I  C  S  L  K  B  N  F  A  W  O  L  F
N  H  L  M  S  F  Q  E  Y  K  T  A  O  G  L
J  O  F  R  I  N  O  A  G  I  R  A  F  F  E
B  A  A  F  L  Q  U  V  O  Q  N  R  N  S  B
V  L  R  A  O  A  C  E  O  Q  C  A  M  E  L
C  R  W  Z  I  X  C  R  J  X  A  R  X  I  M
M  I  S  A  W  P  D  D  U  P  Y  B  C  P  P
```

MONKEY   KANGAROO
BEAVER   CAT
COYOTE   RABBIT
DOLPHIN   LION
DONKEY   ELEPHANT
GOAT   HORSE
GIRAFFE   BULL
GORILLA   FOX
DOG   WHALE
CAMEL   WOLF

68 - Overheid

```
O R H A D C D M J C T L C C M
U C S R I D E S P Y N I O I X
V B A A S L M C S V P B N T J
R V C F T N O I T A N E S I M
E M E S R D C T H F Z R T Z O
D Q O D I F R I G L E T I E N
A A U A C X A L I A Z Y T N U
E B C A T X C O R N M Q U S M
L P W P L R Y P D O Z O T H E
R Y T P M I C I V I L C I I N
J M J F Z M T L V T S N O P T
J U S T I C E Y L A W T N F F
D I S C U S S I O N G V A O Y
R I H C E E P S Y M B O L T N
J U D I C I A L E L U P W J E
```

CITIZENSHIP	NATION
CIVIL	NATIONAL
DEMOCRACY	POLITICS
DISCUSSION	RIGHTS
EQUALITY	STATE
JUDICIAL	SYMBOL
JUSTICE	SPEECH
CONSTITUTION	LIBERTY
LEADER	LAW
MONUMENT	DISTRICT

69 - Geografie

```
A C I T Y P C J N M N H Q J G
L T N E N I T N O C O E E J H
A S L E Z W I Y I Q R M O Q L
S E S A Q R T N G Z T I L A V
W W B Y S U I D E D H S G P D
Y F X W J S A V R H T P Z V N
W P V Y L W O T E F U H G L L
L A T I T U D E O R O E C Q G
P M I S L A N D X R S R O J H
N W X O T Y C X J O M E U E K
J N K F N G S C G S S Z N N B
O S F Z O A Q B H Z K M T A O
A L T I T U D E K N Q L R E F
W O R L D X V O L S E A Y C W
M E R I D I A N I A T N U O M
```

ATLAS	MERIDIAN
MOUNTAIN	NORTH
LATITUDE	OCEAN
CONTINENT	REGION
ISLAND	RIVER
EQUATOR	CITY
HEMISPHERE	WORLD
ALTITUDE	WEST
MAP	SEA
COUNTRY	SOUTH

70 - Kunstbenodigdheden

```
M M C O C G Q P R W G L R I Y
N P P J I I C L E S A E U L G
B R U S H E S L W N K P S G L
P M E O V C H A I R C L R Y A
A Q K P A U N R L E K I O M O
S T N I A P E E T S R O L O C
T U I F F P O M R A J C O S R
E Y T I V I T A E R C L C H A
L T A B L E B C T E M A R Q H
S M W V U U I V A W G Y E F C
Q F L Y M Z R L W Z R I T E Z
I Q K A P R C P V Y G H A U E
V N A C R Y L I C B A S W D X
E S K Y E W T B B Q K I G V X
Q U Y H M P P W E N I X P X C
```

ACRYLIC
WATERCOLORS
BRUSHES
CAMERA
CREATIVITY
EASEL
ERASER
CHARCOAL
INK
CLAY

COLORS
GLUE
OIL
PAPER
PASTELS
PENCILS
CHAIR
TABLE
PAINTS
WATER

71 - Barbecues

```
T L A S F P Q H S K R O F D P
O L P R X E I H E A L E R K Q
M H N A A P B V L T U U R N X
A N Y D Y P L F B C B C N J Z
T U C K N E E V A G K N E C Q
O T O H O R K E T H Y T P R H
E I X G I A Q B E K N I V E S
S U M Y T C U S G O O Z Z G N
D R I Y A I K X E Q S O Y N O
E F K Y T S T E V G U N F U I
C K D Y I U F E N R M O A H N
W W F L V M A Y L I M A F L O
G A R Z N M M N H L E D J G Q
S W M B I R D K K L R L A O U
D I N N E R L E S A L A D S H
```

DINNER	MUSIC
FAMILY	PEPPER
FRUIT	SALADS
GRILL	SAUCE
VEGETABLES	TOMATOES
HOT	ONIONS
HUNGER	INVITATION
CHICKEN	FORKS
LUNCH	SUMMER
KNIVES	SALT

72 - Schoonheid

```
W S E G S C I T E M S O C I Y
G S T Y L I S T O A R K M D G
E L E G A N T S D S S L I S D
G R A C E N A H E C L S G N U
F R A G R A N C E A R Z D E S
P R O D U C T S M R A H C S M
V L I P S T I C K A S X N H O
P H O T O G E N I C E S X A O
C P S C W A C T R O R R I M T
D U V L U S N M B Q V O K P H
J E R E J B A N L A I S L O U
Z K H L J L G T M Y C S E O Q
R A A F S L E A G C E I L H C
S M K I E D L L Q V S C J P R
G E O G N T E R E Z L S O Q F
```

CHARM
COSMETICS
SERVICES
ELEGANT
ELEGANCE
PHOTOGENIC
GRACE
FRAGRANCE
SMOOTH
SKIN

COLOR
CURLS
LIPSTICK
MASCARA
PRODUCTS
SCISSORS
SHAMPOO
MIRROR
STYLIST
MAKEUP

73 - Wetenschappelijke Discip

```
Y Y T Y R T S I M E H C O I B
R O B O T I C S E C B W Q I A
Z O O L O G Y M C O I M L I W
A R W Y N Z P J H L O E Z O C
N E F K D A H K A O L T P A W
N O I T I R T U N G O E H B Q
G E O L O G Y B I Y G O Y S D
X K I Z V L O I C C Y R S O A
R Y M O N O R T S A N O I C N
P S Y C H O L O G Y A L O I A
C H E M I S T R Y Y T O L O T
N E U R O L O G Y A O G O L O
I M M U N O L O G Y B Y G O M
A R C H A E O L O G Y C Y G Y
M I N E R A L O G Y J D L Y P
```

ANATOMY	MECHANICS
ARCHAEOLOGY	METEOROLOGY
ASTRONOMY	MINERALOGY
BIOCHEMISTRY	NEUROLOGY
BIOLOGY	BOTANY
CHEMISTRY	PSYCHOLOGY
ECOLOGY	ROBOTICS
PHYSIOLOGY	SOCIOLOGY
GEOLOGY	NUTRITION
IMMUNOLOGY	ZOOLOGY

74 - Bijvoeglijke Naamwoorden

```
F  L  A  R  U  T  A  N  K  V  D  D  X  O  M
B  M  U  F  K  G  Q  J  N  L  M  R  G  B  I
B  Y  T  L  A  S  Q  Q  A  E  A  A  N  X  M
G  W  H  Y  V  W  Z  A  L  B  C  M  O  P  K
Y  P  E  E  L  S  C  Z  L  I  S  A  R  N  V
C  N  N  N  P  L  K  C  O  O  Q  T  T  O  B
Y  H  T  L  A  E  H  Y  P  V  T  I  S  O  N
E  V  I  T  C  U  D  O  R  P  E  C  A  V  W
W  T  C  Y  R  G  N  U  H  G  I  F  T  E  D
I  P  E  L  B  I  S  N  O  P  S  E  R  F  E
L  L  P  E  V  I  T  P  I  R  C  S  E  D  L
D  T  I  R  E  D  R  L  C  W  P  J  R  M  K
I  N  T  E  R  E  S  T  I  N  G  T  U  U  R
C  R  E  A  T  I  V  E  J  B  E  Y  P  V  H
O  B  V  P  Z  E  R  W  T  N  K  B  E  G  Y
```

AUTHENTIC	NEW
GIFTED	NORMAL
DESCRIPTIVE	PRODUCTIVE
CREATIVE	SLEEPY
DRAMATIC	STRONG
HEALTHY	PROUD
HUNGRY	RESPONSIBLE
INTERESTING	WILD
TIRED	SALTY
NATURAL	PURE

75 - Kleding

```
O U S T N A P R K C R F D R B
P A K T E N S E S E V O L G R
T I I Y X F U T A H F O Z G A
N T R U S X X A M I I Q S T C
X V T N H F J E A G L R R Y E
N S K C O S T W J S D F T C L
O E U I E R Z S A C R T L B E
I Y C J K C P T P A E U E A T
H Q Q K H H Z A O R S X B Y O
S E V Z L X X C Z F S I P K Y
A L D V C A L N B L O U S E K
F R I N A A C J A C K E T V V
U R V X O S F E T O F N A A F
M I E S A N D A L S I P O Z L
P C B G Y Y F Y I P E V C C W
```

BRACELET	PAJAMAS
BLOUSE	BELT
PANTS	SKIRT
GLOVES	SANDALS
HAT	SHOE
COAT	APRON
JACKET	SHIRT
DRESS	SCARF
NECKLACE	SOCKS
FASHION	SWEATER

76 - Vliegtuigen

```
L T B E Q G T D E U M J O N L
H Y D R O G E N E M I E P A A
D I R E C T I O N S X N O V N
A U F W K U Y K D I I I M I D
X L T N E C S E D F U G P G I
C O N S T R U C T I O N N A N
B S K Y H I C N V C B E T T G
A T T L G A A E U B G L A E M
L E U F I P J L J L P S C E Q
L W G Q E H K U D Z F I D E F
O T K L H E T B I H P U L Q C
O T E L E X Y R O T S I H O M
N X J N M E R U T N E V D A T
M U K D Y X Z T D E E G Y M D
A T M O S P H E R E B S Z P O
```

DESCENT
ATMOSPHERE
ADVENTURE
BALLOON
CREW
CONSTRUCTION
FUEL
HISTORY
SKY
HEIGHT

LANDING
AIR
ENGINE
NAVIGATE
DESIGN
PILOT
DIRECTION
TURBULENCE
HYDROGEN

77 - Herbalisme

```
M T Z K M J N M B N R I K O Q
A N M N W L A D X B T A D Q P
R E W O L F W L A G N H J J A
J I R R E D N E V A L K Y I R
O D N F G A R D E N L U R M Y
R E A F F X B B R Q I S A H E
A R R A D L Y F J N D C N C O
M G O S L W A B A S I L I R R
C N M G J R R V M P A F L O E
O I A I L E N K O H W E U S G
B C T J J U X A T R G N C E A
R D I Q U A L I T Y R N X M N
H G C I L R A G N F E E H A O
T A R R A G O N V G E L Z R M
P A R S L E Y G F T N J X Y B
```

AROMATIC
BASIL
FLOWER
CULINARY
DILL
TARRAGON
GREEN
INGREDIENT
GARLIC
QUALITY

LAVENDER
MARJORAM
OREGANO
PARSLEY
ROSEMARY
SAFFRON
FLAVOR
THYME
GARDEN
FENNEL

78 - Kracht en Zwaartekracht

```
U  E  I  P  W  E  I  G  H  T  Y  T  Z  D  H
N  G  M  Y  R  E  V  O  C  S  I  D  I  I  M
I  S  P  P  N  O  P  W  M  C  N  E  P  M  G
V  S  A  N  M  O  P  W  B  V  O  E  H  S  E
E  V  C  J  G  Y  A  E  U  S  I  P  Y  I  N
R  S  T  E  N  A  L  P  R  Y  T  S  S  T  S
S  D  I  S  T  A  N  C  E  T  C  R  I  E  D
A  I  R  K  U  A  D  C  T  I  I  C  C  N  C
L  X  X  P  O  U  P  N  N  B  R  E  S  G  G
S  C  A  A  O  L  W  V  E  R  F  I  S  A  M
D  Y  N  A  M  I  C  D  C  O  C  R  I  M  O
H  A  O  E  X  P  A  N  S  I  O  N  E  L  T
M  E  C  H  A  N  I  C  S  H  Z  B  R  N  I
N  Q  Q  P  P  R  E  S  S  U  R  E  Q  B  O
E  W  V  H  X  S  J  C  K  B  F  H  L  I  N
```

DISTANCE	MAGNETISM
AXIS	MECHANICS
ORBIT	PHYSICS
MOTION	DISCOVERY
CENTER	PLANETS
PRESSURE	SPEED
DYNAMIC	TIME
PROPERTIES	EXPANSION
WEIGHT	UNIVERSAL
IMPACT	FRICTION

79 - Het Bedrijf

```
P R O F E S S I O N A L S I P
I N V E S T M E N T K S S F O
B U S I N E S S S F I C M Z S
C Y T R E N D S Q P F H O W S
P R T N E M Y O L P M E G V I
G R E I F D N E U N E V E R B
L W O A L S Y T Z I K I I G I
O F I G T A R I S K S T N T L
B G F E R I U N I T S A D N I
A H M N K E V Q N E D V U D T
L N B R J Z S E G A W O S T Y
P R O D U C T S I P D N T M V
R E P U T A T I O N G N R J U
K L X D E C I S I O N I Y U F
P R E S E N T A T I O N U V X
```

DECISION	POSSIBILITY
CREATIVE	PRESENTATION
UNITS	PRODUCT
GLOBAL	PROFESSIONAL
INDUSTRY	REPUTATION
REVENUE	RISKS
INNOVATIVE	TRENDS
INVESTMENT	PROGRESS
QUALITY	EMPLOYMENT
WAGES	BUSINESS

80 - Rijden

```
M T G J Y T D E E P S J P A M
O U X U Z N R G O D I L E U F
T N E U S E K A R B A E D P K
O N G A S D L R F V W O E G R
R E T J J I J A Q F Q Q S O Z
I L E G V C P G G Y I K T H P
S E L C Y C R O T O M C R Q O
B A F F I A Q K L M E U I C Y
C E F D A N G E R I K D A N A
M Z A E R O A D I X C C N W H
N T O J T Z Z C C K Q E X I F
E N T W T Y V H H Y T R U C K
L I C E N S E T U J K B D W Q
P G Q K Y E Y R W T B A D G R
C S T R E E T C A R C G Y V T
```

CAR	POLICE
FUEL	BRAKES
GARAGE	SPEED
GAS	STREET
DANGER	TUNNEL
MAP	SAFETY
LICENSE	TRAFFIC
MOTOR	PEDESTRIAN
MOTORCYCLE	TRUCK
ACCIDENT	ROAD

81 - Wetenschap

```
M O L E C U L E S A D Z H A H
D G P G S C I E N T I S T T Y
D K A N A H G I C G P L F O P
V Y R O T A R O B A L A A M O
K Q T F A C T W A C Q R K G T
E L I S S O F R K Z J E I K H
X O C G R A V I T Y D N H F E
P R L D A T A Q N Z F I N W S
E G E O M Y T Z B J C M U S I
R A S H E G D F O O L H Z X S
I N H T O R J X S C I S Y H P
M I J E X A U X R G M N F F C
E S H M S Q A T S M A Q Z C X
N M C H E M I C A L T S O K T
T E V O L U T I O N E Y S X A
```

ATOM
CHEMICAL
PARTICLES
EVOLUTION
EXPERIMENT
FACT
FOSSIL
DATA
HYPOTHESIS
CLIMATE

LABORATORY
METHOD
MINERALS
MOLECULES
NATURE
PHYSICS
ORGANISM
SCIENTIST
GRAVITY

82 - Natuurkunde

```
P  X  T  V  O  S  C  I  N  A  H  C  E  M  F
E  A  J  M  R  W  F  J  S  N  I  T  K  A  R
L  A  R  O  Y  D  W  B  O  K  X  L  F  S  E
E  S  Y  T  I  V  I  T  A  L  E  R  T  S  Q
C  T  A  A  I  Z  Q  F  H  K  D  X  N  N  U
T  K  E  Y  L  C  G  L  C  C  Y  A  E  C  E
R  E  L  R  X  D  L  R  E  G  V  B  M  C  N
O  L  D  H  C  B  U  E  G  A  S  A  I  H  C
N  U  K  O  A  I  O  L  N  T  Q  F  R  E  Y
A  C  C  E  L  E  R  A  T  I  O  N  E  M  T
D  E  N  S  I  T  Y  Z  L  M  G  E  P  I  I
B  L  M  A  G  N  E  T  I  S  M  N  X  C  V
N  O  U  N  I  V  E  R  S  A  L  Z  E  A  A
Z  M  V  E  L  O  C  I  T  Y  G  R  K  L  R
F  O  R  M  U  L  A  B  H  T  W  U  C  D  G
```

ATOM
CHAOS
CHEMICAL
PARTICLE
DENSITY
ELECTRON
EXPERIMENT
FORMULA
FREQUENCY
GAS

MAGNETISM
MASS
MECHANICS
MOLECULE
ENGINE
RELATIVITY
VELOCITY
UNIVERSAL
ACCELERATION
GRAVITY

83 - Muziekinstrumenten

```
O B O E M E N I R U O B M A T
L P J C A G X O E U A F U B R
L A N L N X O L O M V J R M O
E Q A A D A G N I S Y I D I M
C D B R O C U O G Q S V Y R B
Z Q I I L I I I G F H A C A O
S S O N I N T S H A R P B M N
D A E E N O A S Y B K T X L E
H N X T Y M R U A J H N B A N
F U Q O P R N C F N S R R F T
G E C N P A I R L V Y D G S H
G W Q W Q H L E U Y C K Z O V
L V T G N I O P T E M B R S M
I W V C Z T I N E X P I A N O
O Z Q C J W V T E P M U R T Q
```

BANJO	MARIMBA
CELLO	HARMONICA
BASSOON	PERCUSSION
FLUTE	PIANO
GUITAR	SAXOPHONE
GONG	TAMBOURINE
HARP	TROMBONE
OBOE	DRUM
CLARINET	TRUMPET
MANDOLIN	VIOLIN

84 - Ethiek

```
C O O P E R A T I O N E Z T R
C I N T E G R I T Y K L Y O Z
O P H I L O S O P H Y B M L W
M R Y T I L A N O I T A R E V
P E V Z A K V K Y E D N U R G
A S S A N N K L T X C O E A H
S P S F L O P T I M I S M N O
S E E P A U P K N S T A W C N
I C N C L E E H G I A E I E E
O T D S N N N S I L M R S M S
N F N O K E Y X D A O K D F T
R U I Z H S I N U E L Z O B Y
U L K J Q P V T V R P K M A P
I N D I V I D U A L I S M U Z
H U M A N I T Y J P D N T Q I
```

DIPLOMATIC
RESPECTFUL
HONESTY
PHILOSOPHY
PATIENCE
INDIVIDUALISM
INTEGRITY
COMPASSION
HUMANITY
OPTIMISM

RATIONALITY
REALISM
REASONABLE
COOPERATION
TOLERANCE
KINDNESS
VALUES
DIGNITY
WISDOM

85 - Antiek

```
P I E Q Z S H A V C S N I O C
L A V O P T P U E O C K P H P
E C I R P Y Y C R L U R O C P
R P T N Y L B T J L L G U Y L
U K A O T E N I R E P M P R A
T H R I I I N O C C T T F T U
I V O T L E N N K T U O J U T
N D C A A P C G D O R G G A H
R D E R U O E Y S R E L Q E E
U Q D O Q L N G A L L E R Y N
F K J T C D T N A G E L E J T
L A U S U N U V A L U E F O I
X N H E A G R A B B F L H G C
X C E R R J Y D O U V W J E Z
I F W Y T N E M T S E V N I L
```

AUTHENTIC
SCULPTURE
DECORATIVE
CENTURY
ELEGANT
GALLERY
INVESTMENT
ART
QUALITY
FURNITURE

COINS
UNUSUAL
OLD
PRICE
RESTORATION
PAINTINGS
STYLE
AUCTION
COLLECTOR
VALUE

86 - Activiteiten en Vrije Ti

```
L R Y K B Y K T G V T R E C B
R U A P R Q L R O P V E W A A
S U R F I N G A L E M C M M S
G I H U C P M V F P C C P P K
K V N D R F S E I B B O H I E
R J G N I X A L E R N S Y N T
V O L L E Y B A L L O O N G B
S R L H H T R A O D N J W N A
W A A U I P A I N T I N G I L
I C B D P K B O X I N G T N L
M I E Y I P I F G Z M T I E H
M N S O D V U N Y Y T J A D B
I G A S P I I Y G Z N R F R P
N B B H P V G N I H S I F A U
G M T Z R Q X H G N D S P G A
```

BASKETBALL	RACING
BOXING	TRAVEL
DIVING	PAINTING
GOLF	SURFING
FISHING	TENNIS
HOBBIES	GARDENING
BASEBALL	SOCCER
CAMPING	VOLLEYBALL
ART	HIKING
RELAXING	SWIMMING

87 - Koffie

```
P  C  U  P  C  A  Z  G  I  N  I  L  L  G  M
B  R  R  O  V  A  L  F  V  L  M  J  N  R  O
L  A  I  L  F  G  F  A  C  I  D  I  C  I  R
A  G  L  C  H  F  Y  F  G  V  Q  O  E  N  N
C  U  W  Q  E  A  L  U  E  T  W  F  S  D  I
K  S  O  X  A  M  O  R  A  I  Q  V  X  E  N
R  A  Q  T  A  A  R  E  W  N  N  Z  Z  T  G
Y  R  U  W  W  E  I  T  Y  F  T  E  A  S  K
B  M  S  L  A  R  G  L  W  A  F  C  I  A  C
I  W  M  P  I  C  I  I  M  I  L  K  P  O  K
P  K  A  Q  C  X  N  F  Z  J  X  C  J  R  Y
J  S  Y  T  E  I  R  A  V  G  U  G  G  X  J
H  D  W  Y  E  J  B  E  V  E  R  A  G  E  O
I  F  D  C  G  R  E  T  T  I  B  I  D  I  E
L  I  Q  U  I  D  O  Z  O  O  M  D  T  H  F
```

AROMA	ORIGIN
CUP	PRICE
BITTER	CREAM
CAFFEINE	FLAVOR
BEVERAGE	SUGAR
FILTER	VARIETY
ROASTED	LIQUID
GRIND	WATER
MILK	ACIDIC
MORNING	BLACK

88 - Schaken

```
P T G A M E A Y C T J X B T R
Y X N R C O N T E S T P L K O
M E I E V I S S A P L O A X U
D M K V N N V Q I H I I C Q G
I R M E C O K Q B T I N K V Z
A S H L N I P N U R C T S O O
G P A C H A M P I O N S E D Z
O W L C T V W K O R N D G F U
N D E A R R U L E S R K N Y N
A F W A Y I P S T R A T E G Y
L I U L L E F Q U E E N L K H
T K A Q Z H Z R I D E L C L X I
C X X N R D N Q C S O V A E F
A E I I N Z W X G E T I H W Q
T I M E Q G J R F Z W A C J B
```

DIAGONAL	GAME
CHAMPION	PLAYER
KING	STRATEGY
QUEEN	OPPONENT
TO LEARN	TIME
SACRIFICE	CHALLENGES
PASSIVE	CONTEST
POINTS	WHITE
RULES	BLACK
CLEVER	

89 - Boerderij #1

```
D D D I S P I D Q E C J R M Q
O U O N T Q K H G F W O A P N
N K T G Q M S Y A H H O R S E
K C O L F X J Z E E B B I D K
E X G V L Q F X R N X O M E C
Y H M T V M S X U C O J A E I
V H E S A U R E T A W H L S H
A Y J K O D V C L T O M Z U C
I E Q H B S A I U K C C R O W
G U H A I A J R C A F J Z N Y
F O N I V R E Z I L I T R E F
E G A X F O M V R N E O W V F
N F R T C A L F G N L R C G N
C E Q B E L H K A J D K O F C
E O Y P G G T A E V S Z V Q S
```

BEE	COW
DONKEY	CROW
GOAT	FLOCK
FENCE	AGRICULTURE
DOG	FERTILIZER
HONEY	HORSE
HAY	RICE
CALF	FIELD
CAT	WATER
CHICKEN	SEEDS

90 - Huis

```
B Y K W X F E C A L P E R I F
M R E W O H S E N E H C T I K
F M O M W A I I Z W H N M N X
D N N O P J T L X I E E I E N
S O F M M T E I Z U G F C D R
M I O V A L N N L I B R A R Y
J I O R L Y E G E O M D B A T
L V R E K M P U S T W B H G N
L S S R O S G R Q I D V H M E
W Q I J O G G C G E Y R O O M
A G S Z Q R B E D R O O M C E
L C H I M N E Y D L B I Q I S
L F U R N I T U R E A Q A I A
D S G A R A G E H G C K J N B
X O B B M R F E L O L U J L C
```

BROOM	KITCHEN
LIBRARY	LAMP
ROOF	FURNITURE
DOOR	WALL
SHOWER	CEILING
GARAGE	CHIMNEY
FIREPLACE	BEDROOM
FENCE	MIRROR
ROOM	RUG
BASEMENT	GARDEN

91 - Geometrie

```
P R F A K E T N E M G E S Y O
E E L C R I C H Q Z S G B Y N
Q Z R F T H G I E H S K I W V
U T C P L L A T N O Z I R O H
A R A S E L G N A X R D K U L
T I L U L N P B L F W Y G M R
I A C R L A D D I A M E T E R
O N U F A I P I E Z Z Z P V W
N G L A R D Y H C I G O L E D
K L A C A E R I Q U M I H R D
O E T E P M S M G R L M X T D
U J I C U R V E X S S A M I B
Y A O S Y M M E T R Y X R C T
W W N D I M E N S I O N H A T
N M A C F J A F B F X B J L B
```

CALCULATION   PERPENDICULAR
CIRCLE   MASS
CURVE   MEDIAN
DIAMETER   SURFACE
DIMENSION   PARALLEL
TRIANGLE   SEGMENT
ANGLE   SYMMETRY
HEIGHT   THEORY
HORIZONTAL   EQUATION
LOGIC   VERTICAL

92 - Jazz

```
A R T S E H C R O I G R E W I
E L Y T S U A E Q X E H F E M
F U B M O P C P W I N Y L L P
A M O U C L O Q P H R T M X R
V N R R M Y O C M L E H H G O
O G N O S E R S Y X A M C O V
R Y B N L A R T I S T U I T I
I Z G J Y D Z E Q S K J S N S
T C O M P O S I T I O N U E A
E F A M O U S I W S Q J M L T
S C O M P O S E R A E N T A I
R D J L E U Q I N H C E T T O
N Q A Y L O S E O P X O W E N
Q C O N C E R T Z M Y U E M E
O E X V C L Z M E E A U O N N
```

ALBUM	MUSIC
APPLAUSE	EMPHASIS
ARTIST	NEW
FAMOUS	ORCHESTRA
COMPOSER	OLD
CONCERT	RHYTHM
FAVORITES	COMPOSITION
GENRE	STYLE
IMPROVISATION	TALENT
SONG	TECHNIQUE

93 - Getallen

```
Y V W R B N J E I G H T E E N
T H I R T E E N Q S L H R O E
N J U U Y E L E N E B G G O E
E W S O W T M E U V F I E Q T
W D L F R N M T A E I E R V E
T Y Y N O E D R A N V H M Y N
O N E U H V Z U S X E L J Q I
F I F T E E N O T I I Y G V N
Z C I U P S I F D T X Z K U E
K Q S K V X T S D W N L Z T E
D A G E N R A L O E O N L E T
H I I D N N N L U L B P Y N X
W C J S T I A Q F V E T J X I
I T H R E E N T M E F X Z E S
D S K Q M N L E D U I R G H E
```

EIGHT	TWO
EIGHTEEN	TWENTY
THIRTEEN	FOURTEEN
THREE	FOUR
ONE	FIVE
NINE	FIFTEEN
NINETEEN	SIX
ZERO	SIXTEEN
TEN	SEVEN
TWELVE	SEVENTEEN

94 - Boksen

```
Q L T K J R C W D I R F B B E
R U T M S E V O L G S O G U X
U O I Y M F L B J Y O C F U H
D D P C B E W L R T E U W V A
M H W E K R O E Q S K S A G U
Z F E A S E I N J U R I E S S
S G I X K E H W D R M G U T T
F I M G M T T M G B O D Y N E
I T J U H R G R N Q D V J I D
S D X B T T N E N O P P O O J
T J Q E I D E N I H C H S P L
B P Y L I D R R K I C K K Z S
B F X L S X T O M V Q D I G R
J X K U U Y S C I R H M L X Z
R E C O V E R Y A Q H J L K W
```

ELBOW
FOCUS
GLOVES
RECOVERY
CORNER
CHIN
BELL
STRENGTH
BODY
POINTS

REFEREE
KICK
QUICK
OPPONENT
ROPES
EXHAUSTED
SKILL
FIGHTER
INJURIES
FIST

95 - Boerderij #2

```
L B O E B L G T G C A M A L L
L I N Z G X A L R B K E S B A
I O U K S S C M V R L A R D N
M I L K B H J C B N P D N W I
D H P C N R E M R A F O F E M
N L V U O H D P O E Q W N C A
I V B D Q D T J H F W U N Y L
W E Z E K X E N D E N R O C S
E G D Z E R O T C A R T W C K
S E R H H H Y E Y V A D B Y A
H T A E H W I J S I B I Q E M
E A H B P F A V Z O E U P U P
E B C F R U I T E B A R L E Y
P L R I R R I G A T I O N P R
P E O I I P R N O C C X A D L
```

BEEHIVE	LAMB
FARMER	LLAMA
ORCHARD	CORN
ANIMALS	MILK
DUCK	SHEEP
FRUIT	BARN
BARLEY	WHEAT
VEGETABLE	TRACTOR
SHEPHERD	MEADOW
IRRIGATION	WINDMILL

96 - Psychologie

```
E M O T I O N S H A F R Z P C
S M W G S U O I C S N O C N U
E F O J D S K N P S O I Z R C
C O G N I T I O N E I V I E L
N I Q P N H E N I S T A N A I
E R E W F G P G V S P H F L N
I T Z V O U D K O M E E L I I
R M E L B O R P P E C B U T C
E Q H W L H E W W N R D E Y A
P V L P O T M I D T E R N P L
X S E N S A T I O N P E C A S
E C O N F L I C T F E A E R Q
P E R S O N A L I T Y M S E H
A P P O I N T M E N T S M H M
D Q F C H I L D H O O D N T J
```

APPOINTMENT
ASSESSMENT
UNCONSCIOUS
COGNITION
CONFLICT
DREAMS
EGO
EMOTIONS
EXPERIENCES
THOUGHTS

BEHAVIOR
SENSATION
INFLUENCES
CHILDHOOD
CLINICAL
PERCEPTION
PERSONALITY
PROBLEM
REALITY
THERAPY

97 - Zakelijk

```
F A C T O R Y Q Y E N O M T F
C Z X E Y H D E D M L S G R I
Y S Y Z Q W N O V P W A W A N
D I S C O U N T U L H Q S N A
E D U G Y M A K R O J D S S N
S N M H Y V G I I Y N P O A C
G S S F A K Y C N E R R U C E
E C L O F O N L R E W X C T C
T I F O R P A C A R E E R I I
P M D G A I P Y T S P X A O F
C O S T N E M T S E V N I N F
X N H I N C O M E Z G Y B T O
M O V S X E C V J O U D J A A
P C E M P L O Y E R G X U O R
N E Q Q N U V T A X E S B B S
```

COMPANY
BUDGET
TAXES
CAREER
ECONOMICS
FACTORY
FINANCE
MONEY
INCOME
INVESTMENT

OFFICE
DISCOUNT
COST
TRANSACTION
CURRENCY
SALE
EMPLOYER
EMPLOYEE
SHOP
PROFIT

98 - Voeding

```
C F V H S T Y L F C S H B C O
A E K T E H I D E C N A L A B
R R Y L I A T N E I R T U N A
B M D A R H L F X A G K K C V
O E D E O T Y T I L A U Q T E
H N M H L V L E H I Z E P U L
Y T W D A P Y I H Y K R U E B
D A Z I C F R E T T I B U T I
R T A E J A N O I T S E G I D
A I A T C O I F T I T S Q T E
T O F V K Q I L H E Y Q E E B
E N I X O T W A G O I U B P H
S D I U Q I L V I L X N H P M
V I T A M I N O E K M N S A Z
U T L X V O Z R W J V V T Q O
```

BITTER
CALORIES
DIET
EDIBLE
APPETITE
PROTEINS
BALANCED
FERMENTATION
WEIGHT
HEALTHY

HEALTH
CARBOHYDRATES
QUALITY
SAUCE
FLAVOR
DIGESTION
TOXIN
VITAMIN
LIQUIDS
NUTRIENT

99 - Chemie

```
P T S E L U C E L O M G F Y C
Z X J P P U L A N O B R A C I
B X E M P Q Y Q T Z C J U X O
T O W L Z H H L L A Y Q X W N
J Z M A L N W K A R L M P E E
R M D U T Q S N S V E Y E T G
S L A T E M V O I O R E S B Y
A I T E M P E R A T U R E T X
U Q H U N O I T C A E R N Y O
M U G D R P A C O R G A N I C
W I I E Y K M E N I L A K L A
V D E N I R O L H C Q C S E S
D O W A C I D E H E A T A N W
E B G X S F N H Y D R O G E N
Z S S U X C B P N Z M B T E I
```

ALKALINE
CHLORINE
ELECTRON
ENZYME
GAS
WEIGHT
ION
CATALYST
CARBON
METALS

MOLECULE
ORGANIC
REACTION
TEMPERATURE
LIQUID
HEAT
HYDROGEN
SALT
ACID
OXYGEN

1 - Metingen

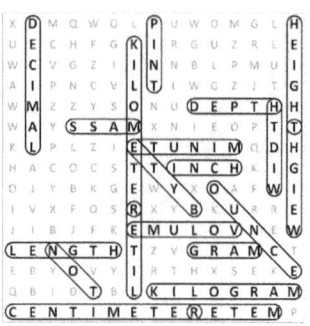

2 - Opwarming van de Aarde

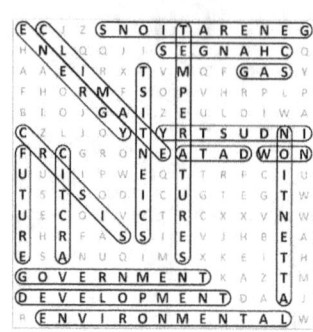

3 - Keuken

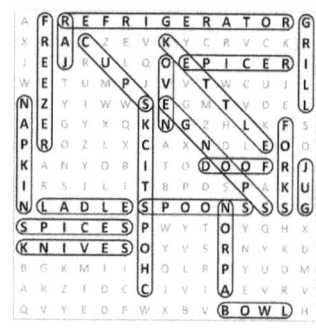

4 - Boten

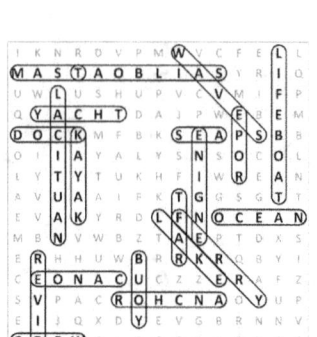

5 - Chocolade

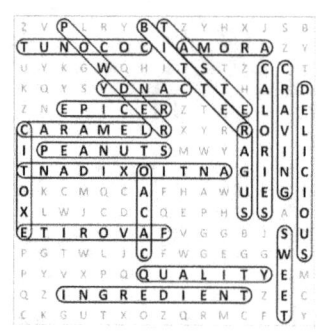

6 - Gezondheid en Welzijn #2

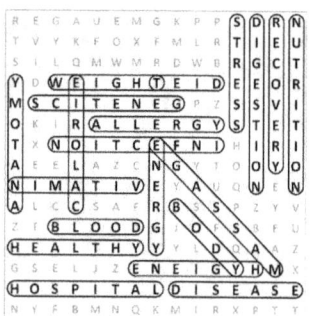

7 - Tijd

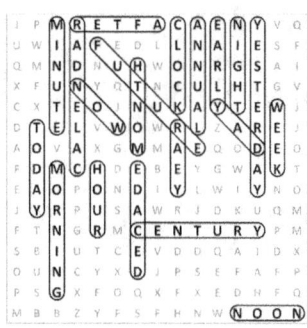

8 - Meditatie

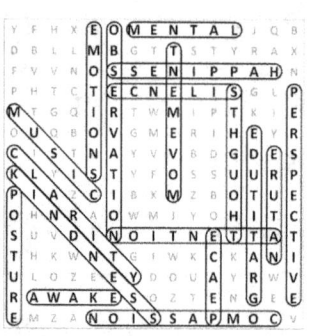

9 - Muziek

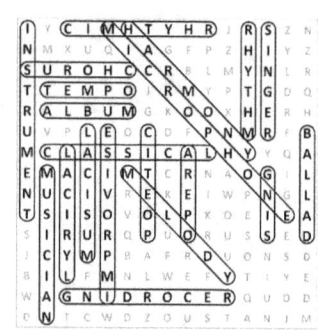

10 - Vogels

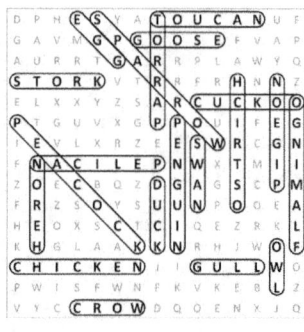

11 - Behoud

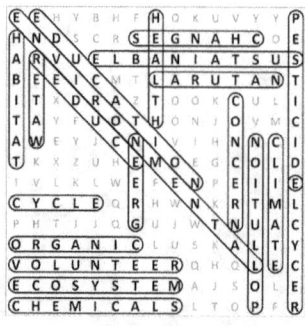

12 - Wiskunde

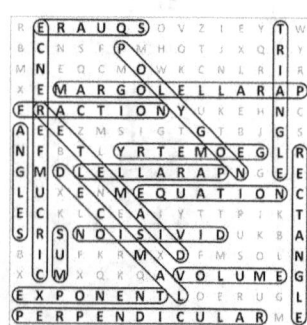

13 - Gezondheid en Welzijn #1

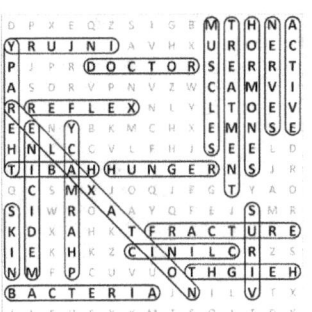

14 - Camping

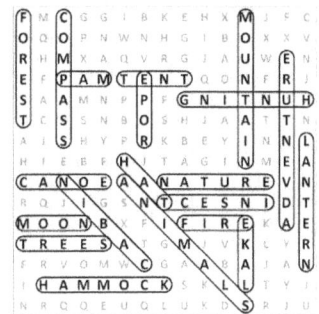

15 - Algebra

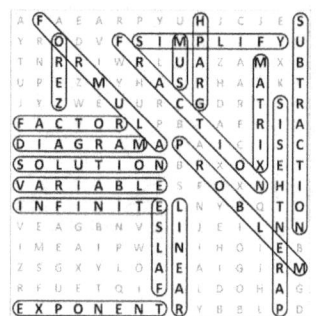

16 - Activiteiten

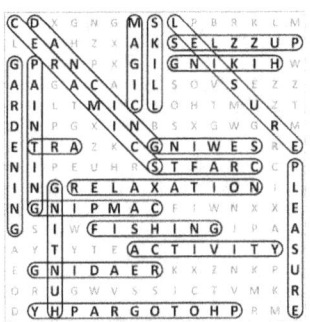

17 - Vormen

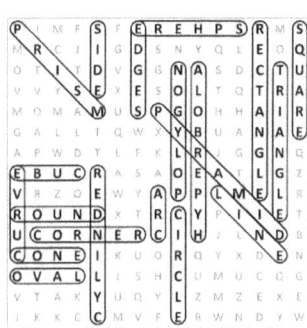

18 - Diplomatie

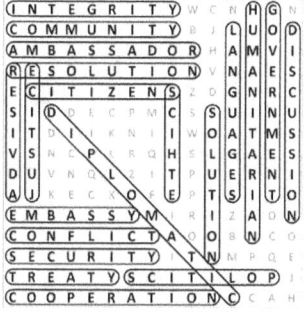

19 - Astronomie

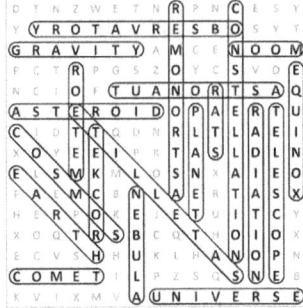

20 - Emoties

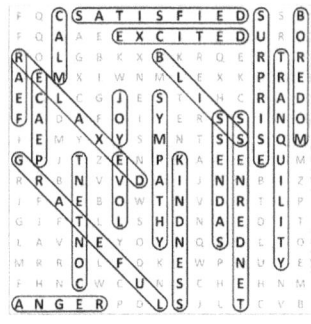

21 - Eten #2

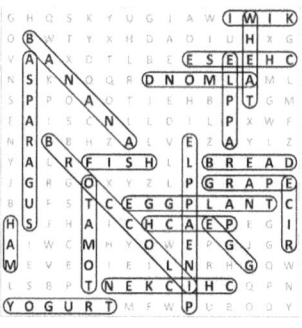

22 - Restaurant #1

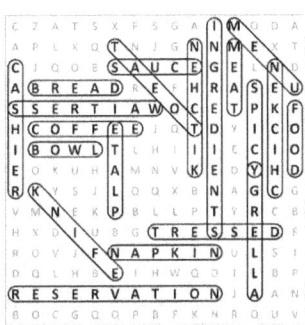

23 - Geologie

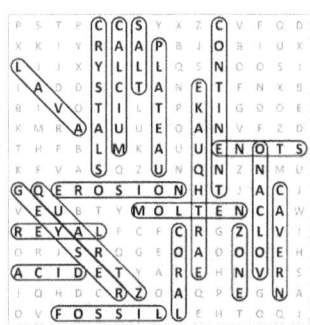

24 - Specerijen

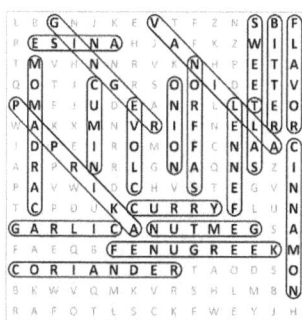

25 - Archeologie

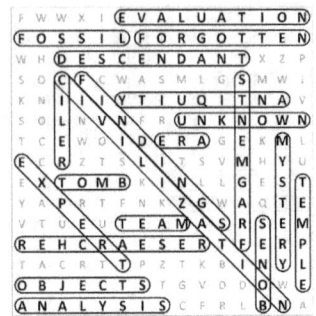

26 - Dans

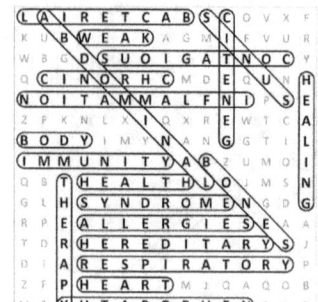

27 - Ziekte

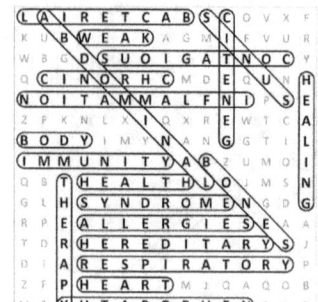

28 - Mythologie

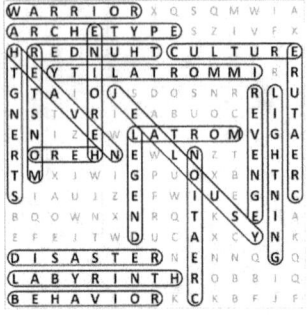

29 - Eten #1

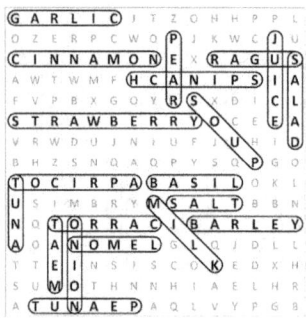

30 - Avontuur

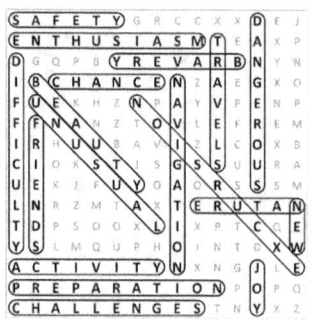

31 - Restaurant #2

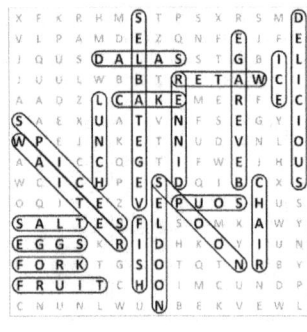

32 - De Media

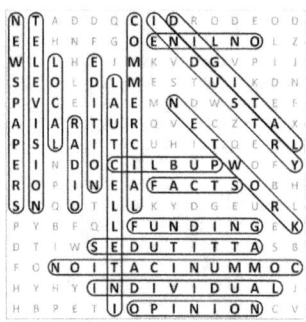

33 - Bijen

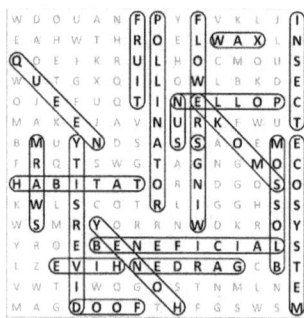

34 - Wandelen

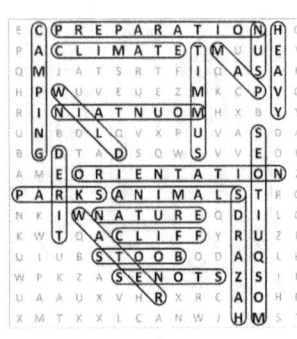

35 - Ecologie

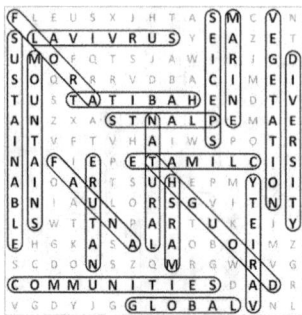

36 - Biologie

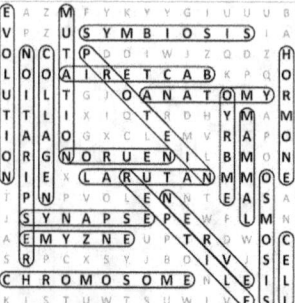

37 - Landen #1

38 - Installaties

39 - Agronomie

40 - Oceaan

41 - Landen #2

42 - Bloemen

43 - Landschappen

44 - Tuin

45 - Beroepen #2

46 - Dagen en Maanden

47 - Mode

48 - Tuinieren

49 - Menselijk Lichaam

50 - Energie

51 - Familie

52 - Gebouwen

53 - Kunst

54 - Beroepen #1

55 - Antarctica

56 - Ballet

57 - Fruit

58 - Engineering

59 - Literatuur

60 - Boeken

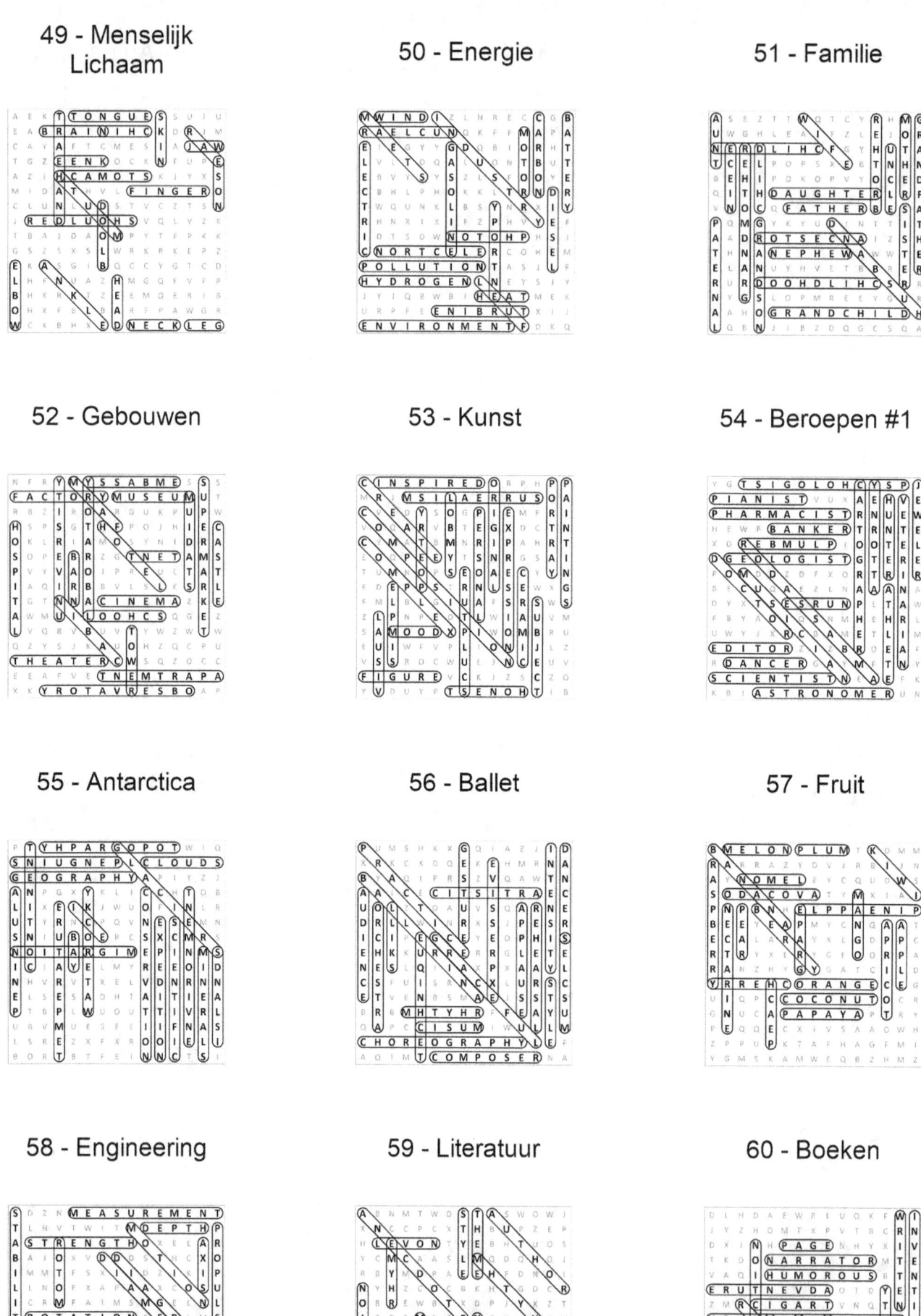

61 - Meer Informatie

62 - Regenwoud

63 - Haartypes

64 - Stad

65 - Creativiteit

66 - Natuur

67 - Zoogdieren

68 - Overheid

69 - Geografie

70 - Kunstbenodigdhe

71 - Barbecues

72 - Schoonheid

73 - Wetenschappelijk

74 - Bijvoeglijke Naamwoorden

75 - Kleding

76 - Vliegtuigen

77 - Herbalisme

78 - Kracht en Zwaartekracht

79 - Het Bedrijf

80 - Rijden

81 - Wetenschap

82 - Natuurkunde

83 - Muziekinstrument

84 - Ethiek

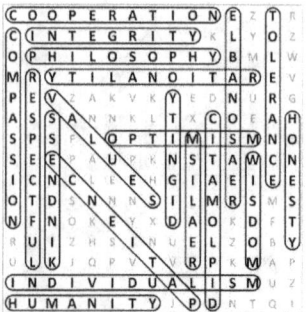

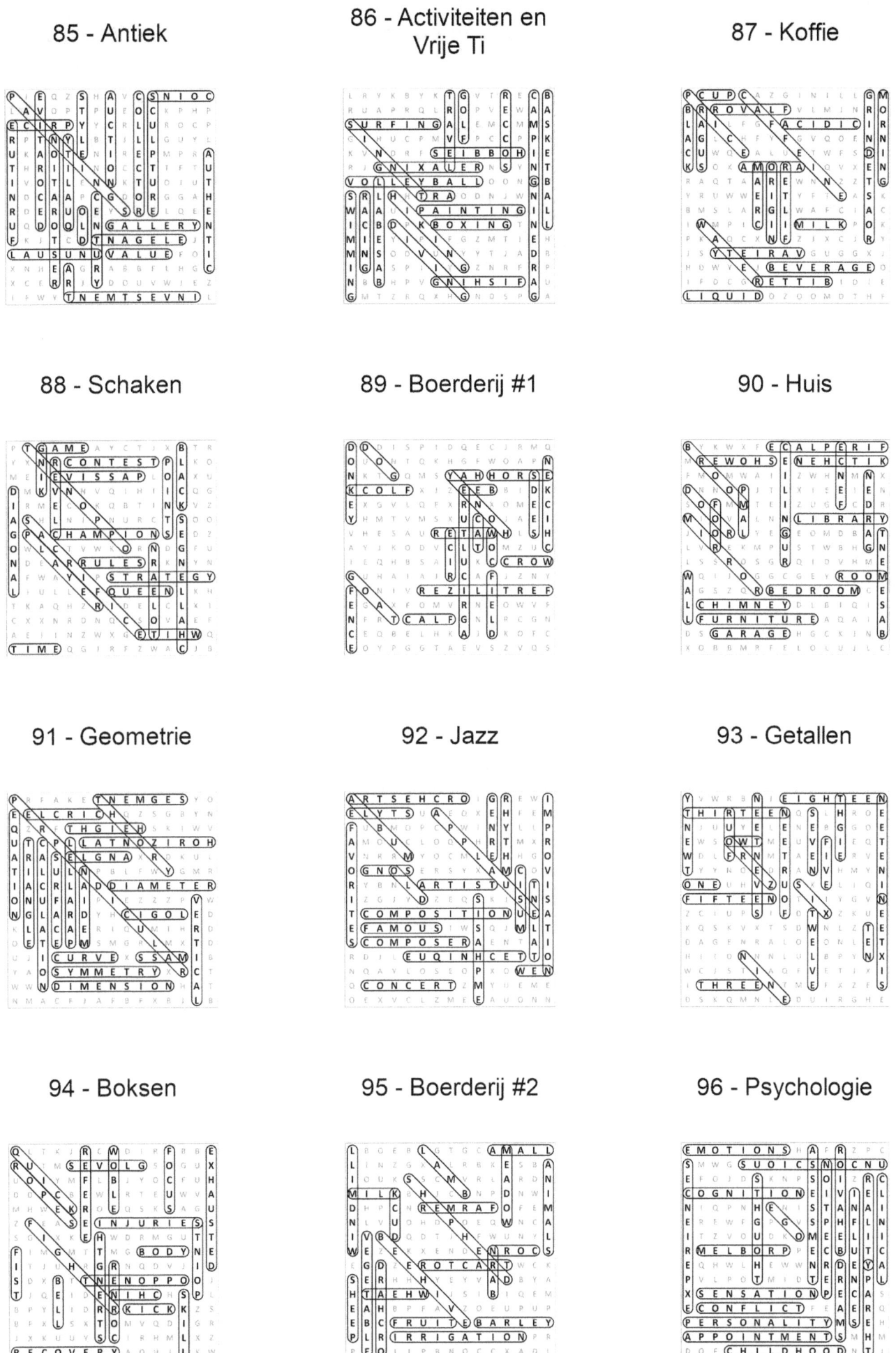

85 - Antiek

86 - Activiteiten en Vrije Ti

87 - Koffie

88 - Schaken

89 - Boerderij #1

90 - Huis

91 - Geometrie

92 - Jazz

93 - Getallen

94 - Boksen

95 - Boerderij #2

96 - Psychologie

97 - Zakelijk

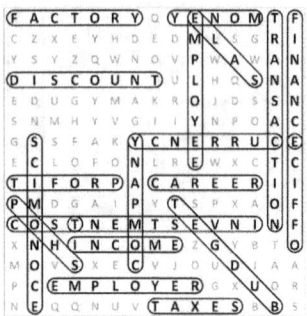

98 - Voeding

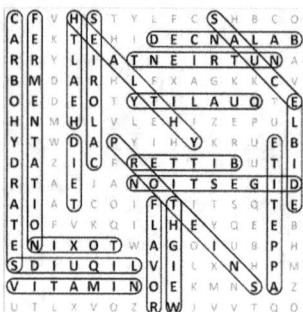

99 - Chemie

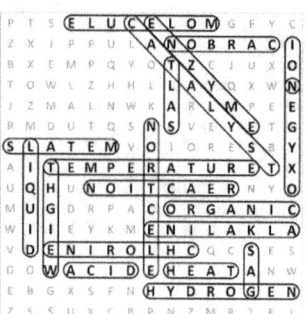

Woordenboek

Activiteiten
Activities

Activiteit	Activity
Ambachten	Crafts
Dansen	Dancing
Fotografie	Photography
Hengelsport	Fishing
Jacht	Hunting
Kamperen	Camping
Keramiek	Ceramics
Kunst	Art
Lezen	Reading
Magie	Magic
Naaien	Sewing
Ontspanning	Relaxation
Plezier	Pleasure
Puzzels	Puzzles
Schilderij	Painting
Tuinieren	Gardening
Vaardigheid	Skill
Vrije Tijd	Leisure
Wandelen	Hiking

Activiteiten en Vrije Ti
Activities and Leisure

Basketbal	Basketball
Boksen	Boxing
Duiken	Diving
Golf	Golf
Hengelsport	Fishing
Hobby	Hobbies
Honkbal	Baseball
Kamperen	Camping
Kunst	Art
Ontspannen	Relaxing
Racen	Racing
Reis	Travel
Schilderij	Painting
Surfen	Surfing
Tennis	Tennis
Tuinieren	Gardening
Voetbal	Soccer
Volleybal	Volleyball
Wandelen	Hiking
Zwemmen	Swimming

Agronomie
Agronomy

Duurzaam	Sustainable
Ecologie	Ecology
Energie	Energy
Erosie	Erosion
Groei	Growth
Groente	Vegetables
Landbouw	Agriculture
Landelijk	Rural
Mest	Fertilizer
Omgeving	Environment
Onderzoek	Research
Organisch	Organic
Productie	Production
Systemen	Systems
Vervuiling	Pollution
Voedsel	Food
Water	Water
Wetenschap	Science
Zaden	Seeds
Ziekten	Diseases

Algebra
Algebra

Aftrekken	Subtraction
Diagram	Diagram
Exponent	Exponent
Factor	Factor
Formule	Formula
Fractie	Fraction
Grafiek	Graph
Haakje	Parenthesis
Hoeveelheid	Quantity
Lineair	Linear
Matrix	Matrix
Nul	Zero
Oneindig	Infinite
Oplossing	Solution
Probleem	Problem
Som	Sum
Vals	False
Variabele	Variable
Vereenvoudigen	Simplify
Vergelijking	Equation

Antarctica
Antarctica

Baai	Bay
Behoud	Conservation
Continent	Continent
Eilanden	Islands
Expeditie	Expedition
Geografie	Geography
Gletsjers	Glaciers
Ijs	Ice
Migratie	Migration
Mineralen	Minerals
Omgeving	Environment
Onderzoeker	Researcher
Pinguïn	Penguins
Rotsachtig	Rocky
Schiereiland	Peninsula
Temperatuur	Temperature
Topografie	Topography
Water	Water
Wetenschappelijk	Scientific
Wolken	Clouds

Antiek
Antiques

Authentiek	Authentic
Beeldhouwwerk	Sculpture
Decoratief	Decorative
Eeuw	Century
Elegant	Elegant
Galerij	Gallery
Investering	Investment
Kunst	Art
Kwaliteit	Quality
Meubilair	Furniture
Munten	Coins
Ongewoon	Unusual
Oud	Old
Prijs	Price
Restauratie	Restoration
Schilderijen	Paintings
Stijl	Style
Veiling	Auction
Verzamelaar	Collector
Waarde	Value

Archeologie
Archeology

Analyse	Analysis
Beschaving	Civilization
Bevindingen	Findings
Botten	Bones
Deskundige	Expert
Evaluatie	Evaluation
Fossiel	Fossil
Fragmenten	Fragments
Graf	Tomb
Mysterie	Mystery
Nakomeling	Descendant
Objecten	Objects
Onbekend	Unknown
Onderzoeker	Researcher
Oudheid	Antiquity
Relikwie	Relic
Team	Team
Tempel	Temple
Tijdperk	Era
Vergeten	Forgotten

Astronomie
Astronomy

Aarde	Earth
Asteroïde	Asteroid
Astronaut	Astronaut
Astronoom	Astronomer
Equinox	Equinox
Komeet	Comet
Kosmos	Cosmos
Maan	Moon
Meteoor	Meteor
Nevel	Nebula
Observatorium	Observatory
Planeet	Planet
Raket	Rocket
Satelliet	Satellite
Ster	Star
Sterrenbeeld	Constellation
Straling	Radiation
Telescoop	Telescope
Universum	Universe
Zwaartekracht	Gravity

Avontuur
Adventure

Activiteit	Activity
Bestemming	Destination
Enthousiasme	Enthusiasm
Excursie	Excursion
Gevaarlijk	Dangerous
Kans	Chance
Moed	Bravery
Moeilijkheid	Difficulty
Natuur	Nature
Navigatie	Navigation
Nieuw	New
Ongewoon	Unusual
Reizen	Travels
Schoonheid	Beauty
Uitdagingen	Challenges
Veiligheid	Safety
Verrassend	Surprising
Voorbereiding	Preparation
Vreugde	Joy
Vrienden	Friends

Ballet
Ballet

Applaus	Applause
Artistiek	Artistic
Ballerina	Ballerina
Choreografie	Choreography
Componist	Composer
Dansers	Dancers
Expressief	Expressive
Gebaar	Gesture
Intensiteit	Intensity
Muziek	Music
Orkest	Orchestra
Praktijk	Practice
Publiek	Audience
Repetitie	Rehearsal
Ritme	Rhythm
Sierlijk	Graceful
Spieren	Muscles
Stijl	Style
Techniek	Technique
Vaardigheid	Skill

Barbecues
Barbecues

Diner	Dinner
Familie	Family
Fruit	Fruit
Grill	Grill
Groente	Vegetables
Heet	Hot
Honger	Hunger
Kip	Chicken
Lunch	Lunch
Messen	Knives
Muziek	Music
Peper	Pepper
Salades	Salads
Saus	Sauce
Tomaten	Tomatoes
Uien	Onions
Uitnodiging	Invitation
Vorken	Forks
Zomer	Summer
Zout	Salt

Behoud
Conservation

Chemicaliën	Chemicals
Duurzaam	Sustainable
Ecosysteem	Ecosystem
Fiets	Cycle
Gezondheid	Health
Groen	Green
Habitat	Habitat
Klimaat	Climate
Milieu	Environmental
Natuurlijk	Natural
Onderwijs	Education
Organisch	Organic
Pesticide	Pesticide
Recycleren	Recycle
Veranderingen	Changes
Verminderen	Reduce
Vervuiling	Pollution
Vrijwilliger	Volunteer
Water	Water
Zorg	Concern

Beroepen #1
Professions #1

Advocaat	Attorney
Ambassadeur	Ambassador
Apotheker	Pharmacist
Astronoom	Astronomer
Atleet	Athlete
Bankier	Banker
Cartograaf	Cartographer
Danser	Dancer
Dierenarts	Veterinarian
Dokter	Doctor
Editor	Editor
Geoloog	Geologist
Jager	Hunter
Juwelier	Jeweler
Loodgieter	Plumber
Muzikant	Musician
Pianist	Pianist
Psycholoog	Psychologist
Verpleegster	Nurse
Wetenschapper	Scientist

Beroepen #2
Professions #2

Arts	Physician
Astronaut	Astronaut
Bibliothecaris	Librarian
Bioloog	Biologist
Boer	Farmer
Chirurg	Surgeon
Detective	Detective
Filosoof	Philosopher
Fotograaf	Photographer
Illustrator	Illustrator
Ingenieur	Engineer
Journalist	Journalist
Leraar	Teacher
Linguïst	Linguist
Onderzoeker	Researcher
Piloot	Pilot
Schilder	Painter
Tandarts	Dentist
Tuinman	Gardener
Uitvinder	Inventor

Bijen
Bees

Bestuiver	Pollinator
Bijenkorf	Hive
Bloemen	Flowers
Bloesem	Blossom
Diversiteit	Diversity
Ecosysteem	Ecosystem
Fruit	Fruit
Habitat	Habitat
Honing	Honey
Insect	Insect
Koningin	Queen
Rook	Smoke
Stuifmeel	Pollen
Tuin	Garden
Vleugels	Wings
Voedsel	Food
Voordelig	Beneficial
Was	Wax
Zon	Sun
Zwerm	Swarm

Bijvoeglijke Naamwoorden
Adjectives #1

Aantrekkelijk	Attractive
Actief	Active
Ambitieus	Ambitious
Aromatisch	Aromatic
Artistiek	Artistic
Belangrijk	Important
Diep	Deep
Donker	Dark
Dun	Thin
Eerlijk	Honest
Exotisch	Exotic
Identiek	Identical
Jong	Young
Lang	Long
Langzaam	Slow
Modern	Modern
Onschuldig	Innocent
Perfect	Perfect
Waardevol	Valuable
Zwaar	Heavy

Bijvoeglijke Naamwoorden
Adjectives #2

Authentiek	Authentic
Begaafd	Gifted
Beschrijvend	Descriptive
Creatief	Creative
Dramatisch	Dramatic
Gezond	Healthy
Hongerig	Hungry
Interessant	Interesting
Moe	Tired
Natuurlijk	Natural
Nieuw	New
Normaal	Normal
Productief	Productive
Slaperig	Sleepy
Sterk	Strong
Trots	Proud
Verantwoordelijk	Responsible
Wild	Wild
Zout	Salty
Zuiver	Pure

Biologie
Biology

Ademhaling	Respiration
Anatomie	Anatomy
Bacteriën	Bacteria
Cel	Cell
Chromosoom	Chromosome
Collageen	Collagen
Eiwit	Protein
Embryo	Embryo
Enzym	Enzyme
Evolutie	Evolution
Hormoon	Hormone
Mutatie	Mutation
Natuurlijk	Natural
Neuron	Neuron
Osmose	Osmosis
Reptiel	Reptile
Symbiose	Symbiosis
Synaps	Synapse
Zenuw	Nerve
Zoogdier	Mammal

Bloemen
Flowers

Bloemblad	Petal
Boeket	Bouquet
Gardenia	Gardenia
Hibiscus	Hibiscus
Jasmijn	Jasmine
Klaver	Clover
Lavendel	Lavender
Lelie	Lily
Madeliefje	Daisy
Magnolia	Magnolia
Narcis	Daffodil
Orchidee	Orchid
Paardebloem	Dandelion
Papaver	Poppy
Passiebloem	Passionflower
Pioenroos	Peony
Plumeria	Plumeria
Roos	Rose
Tulp	Tulip
Zonnebloem	Sunflower

Boeken
Books

Auteur	Author
Avontuur	Adventure
Bladzijde	Page
Collectie	Collection
Context	Context
Dualiteit	Duality
Episch	Epic
Gedicht	Poem
Geschreven	Written
Historisch	Historical
Humoristisch	Humorous
Inventief	Inventive
Lezer	Reader
Literair	Literary
Poëzie	Poetry
Relevant	Relevant
Roman	Novel
Tragisch	Tragic
Verhaal	Story
Verteller	Narrator

Boerderij #1
Farm #1

Bij	Bee
Ezel	Donkey
Geit	Goat
Hek	Fence
Hond	Dog
Honing	Honey
Hooi	Hay
Kalf	Calf
Kat	Cat
Kip	Chicken
Koe	Cow
Kraai	Crow
Kudde	Flock
Landbouw	Agriculture
Mest	Fertilizer
Paard	Horse
Rijst	Rice
Veld	Field
Water	Water
Zaden	Seeds

Boerderij #2
Farm #2

Bijenkorf	Beehive
Boer	Farmer
Boomgaard	Orchard
Dieren	Animals
Eend	Duck
Fruit	Fruit
Gerst	Barley
Groente	Vegetable
Herder	Shepherd
Irrigatie	Irrigation
Lam	Lamb
Lama	Llama
Maïs	Corn
Melk	Milk
Schaap	Sheep
Schuur	Barn
Tarwe	Wheat
Tractor	Tractor
Weide	Meadow
Windmolen	Windmill

Boksen
Boxing

Elleboog	Elbow
Focus	Focus
Handschoenen	Gloves
Herstel	Recovery
Hoek	Corner
Kin	Chin
Klok	Bell
Kracht	Strength
Lichaam	Body
Punten	Points
Scheidsrechter	Referee
Schoppen	Kick
Snel	Quick
Tegenstander	Opponent
Touwen	Ropes
Uitgeput	Exhausted
Vaardigheid	Skill
Vechter	Fighter
Verwondingen	Injuries
Vuist	Fist

Boten
Boats

Anker	Anchor
Bemanning	Crew
Boei	Buoy
Dok	Dock
Golven	Waves
Jacht	Yacht
Kajak	Kayak
Kano	Canoe
Mast	Mast
Meer	Lake
Motor	Engine
Nautisch	Nautical
Oceaan	Ocean
Reddingsboot	Lifeboat
Rivier	River
Touw	Rope
Veerboot	Ferry
Vlot	Raft
Zee	Sea
Zeilboot	Sailboat

Camping
Camping

Avontuur	Adventure
Berg	Mountain
Bomen	Trees
Bos	Forest
Brand	Fire
Cabine	Cabin
Dieren	Animals
Hangmat	Hammock
Hoed	Hat
Insect	Insect
Jacht	Hunting
Kaart	Map
Kano	Canoe
Kompas	Compass
Lantaarn	Lantern
Maan	Moon
Meer	Lake
Natuur	Nature
Tent	Tent
Touw	Rope

Chemie
Chemistry

Alkalisch	Alkaline
Chloor	Chlorine
Elektron	Electron
Enzym	Enzyme
Gas	Gas
Gewicht	Weight
Ion	Ion
Katalysator	Catalyst
Koolstof	Carbon
Metalen	Metals
Molecuul	Molecule
Organisch	Organic
Reactie	Reaction
Temperatuur	Temperature
Vloeistof	Liquid
Warmte	Heat
Waterstof	Hydrogen
Zout	Salt
Zuur	Acid
Zuurstof	Oxygen

Chocolade
Chocolate

Antioxidant	Antioxidant
Aroma	Aroma
Bitter	Bitter
Cacao	Cacao
Calorieën	Calories
Exotisch	Exotic
Favoriet	Favorite
Heerlijk	Delicious
Ingrediënt	Ingredient
Karamel	Caramel
Kokosnoot	Coconut
Kwaliteit	Quality
Pinda'S	Peanuts
Poeder	Powder
Recept	Recipe
Smaak	Taste
Snoep	Candy
Suiker	Sugar
Verlangen	Craving
Zoet	Sweet

Creativiteit
Creativity

Artistiek	Artistic
Beeld	Image
Dramatisch	Dramatic
Echtheid	Authenticity
Emoties	Emotions
Gevoel	Sensation
Gevoelens	Feelings
Helderheid	Clarity
Indruk	Impression
Inspiratie	Inspiration
Intensiteit	Intensity
Intuïtie	Intuition
Inventief	Inventive
Spontaan	Spontaneous
Uitdrukking	Expression
Vaardigheid	Skill
Verbeelding	Imagination
Visioenen	Visions
Vitaliteit	Vitality
Vloeibaarheid	Fluidity

Dagen en Maanden
Days and Months

Augustus	August
Dinsdag	Tuesday
Donderdag	Thursday
Februari	February
Jaar	Year
Januari	January
Juli	July
Juni	June
Kalender	Calendar
Maand	Month
Maandag	Monday
Maart	March
November	November
Oktober	October
September	September
Vrijdag	Friday
Week	Week
Woensdag	Wednesday
Zaterdag	Saturday
Zondag	Sunday

Dans
Dance

Academie	Academy
Beweging	Movement
Blij	Joyful
Choreografie	Choreography
Cultureel	Cultural
Cultuur	Culture
Emotie	Emotion
Expressief	Expressive
Genade	Grace
Houding	Posture
Klassiek	Classical
Kunst	Art
Lichaam	Body
Muziek	Music
Partner	Partner
Repetitie	Rehearsal
Ritme	Rhythm
Springen	Jump
Traditioneel	Traditional
Visueel	Visual

De Media
The Media

Commercieel	Commercial
Communicatie	Communication
Digitaal	Digital
Editie	Edition
Feiten	Facts
Financiering	Funding
Houding	Attitudes
Individueel	Individual
Industrie	Industry
Intellectueel	Intellectual
Kranten	Newspapers
Lokaal	Local
Mening	Opinion
Netwerk	Network
Onderwijs	Education
Online	Online
Publiek	Public
Radio	Radio
Televisie	Television
Tijdschriften	Magazines

Diplomatie
Diplomacy

Adviseur	Adviser
Ambassade	Embassy
Ambassadeur	Ambassador
Burgers	Citizens
Conflict	Conflict
Diplomatiek	Diplomatic
Discussie	Discussion
Ethiek	Ethics
Gemeenschap	Community
Gerechtigheid	Justice
Humanitair	Humanitarian
Integriteit	Integrity
Oplossing	Solution
Politiek	Politics
Regering	Government
Resolutie	Resolution
Samenwerking	Cooperation
Talen	Languages
Veiligheid	Security
Verdrag	Treaty

Ecologie
Ecology

Bergen	Mountains
Diversiteit	Diversity
Droogte	Drought
Duurzaam	Sustainable
Fauna	Fauna
Flora	Flora
Gemeenschappen	Communities
Globaal	Global
Habitat	Habitat
Klimaat	Climate
Marinier	Marine
Moeras	Marsh
Natuur	Nature
Natuurlijk	Natural
Overleving	Survival
Planten	Plants
Soort	Species
Variëteit	Variety
Vegetatie	Vegetation
Vrijwilligers	Volunteers

Emoties
Emotions

Angst	Fear
Beschaamd	Embarrassed
Dankbaar	Grateful
Droefheid	Sadness
Gelukzaligheid	Bliss
Inhoud	Content
Kalm	Calm
Liefde	Love
Ontspannen	Relaxed
Opgewonden	Excited
Rust	Tranquility
Sympathie	Sympathy
Tederheid	Tenderness
Tevreden	Satisfied
Verrassing	Surprise
Verveling	Boredom
Vrede	Peace
Vreugde	Joy
Vriendelijkheid	Kindness
Woede	Anger

Energie
Energy

Accu	Battery
Benzine	Gasoline
Brandstof	Fuel
Diesel	Diesel
Elektrisch	Electric
Elektron	Electron
Entropie	Entropy
Foton	Photon
Hernieuwbaar	Renewable
Industrie	Industry
Koolstof	Carbon
Motor	Motor
Nucleair	Nuclear
Omgeving	Environment
Stoom	Steam
Turbine	Turbine
Vervuiling	Pollution
Warmte	Heat
Waterstof	Hydrogen
Wind	Wind

Engineering
Engineering

As	Axis
Berekening	Calculation
Beweging	Motion
Bouw	Construction
Diagram	Diagram
Diameter	Diameter
Diepte	Depth
Diesel	Diesel
Energie	Energy
Hoek	Angle
Kracht	Strength
Machine	Machine
Meting	Measurement
Motor	Motor
Rotatie	Rotation
Stabiliteit	Stability
Structuur	Structure
Vloeistof	Liquid
Voortstuwing	Propulsion
Wrijving	Friction

Eten #1
Food #1

Aardbei	Strawberry
Abrikoos	Apricot
Basilicum	Basil
Citroen	Lemon
Gerst	Barley
Kaneel	Cinnamon
Knoflook	Garlic
Melk	Milk
Peer	Pear
Pinda	Peanut
Salade	Salad
Sap	Juice
Soep	Soup
Spinazie	Spinach
Suiker	Sugar
Tonijn	Tuna
Ui	Onion
Vlees	Meat
Wortel	Carrot
Zout	Salt

Eten #2
Food #2

Amandel	Almond
Ananas	Pineapple
Appel	Apple
Asperge	Asparagus
Aubergine	Eggplant
Banaan	Banana
Broccoli	Broccoli
Brood	Bread
Druif	Grape
Ei	Egg
Ham	Ham
Kaas	Cheese
Kip	Chicken
Kiwi	Kiwi
Perzik	Peach
Rijst	Rice
Tarwe	Wheat
Tomaat	Tomato
Vis	Fish
Yoghurt	Yogurt

Ethiek
Ethics

Altruïsme	Altruism
Diplomatiek	Diplomatic
Eerbiedig	Respectful
Eerlijkheid	Honesty
Filosofie	Philosophy
Geduld	Patience
Individualisme	Individualism
Integriteit	Integrity
Mededogen	Compassion
Mensheid	Humanity
Optimisme	Optimism
Rationaliteit	Rationality
Realisme	Realism
Redelijk	Reasonable
Samenwerking	Cooperation
Tolerantie	Tolerance
Vriendelijkheid	Kindness
Waarden	Values
Waardigheid	Dignity
Wijsheid	Wisdom

Familie
Family

Broer	Brother
Dochter	Daughter
Grootmoeder	Grandmother
Jeugd	Childhood
Kind	Child
Kinderen	Children
Kleinkind	Grandchild
Kleinzoon	Grandson
Man	Husband
Moeder	Mother
Neef	Nephew
Nicht	Niece
Oom	Uncle
Opa	Grandfather
Tante	Aunt
Vader	Father
Vaderlijk	Paternal
Voorouder	Ancestor
Vrouw	Wife
Zus	Sister

Fruit
Fruit

Abrikoos	Apricot
Ananas	Pineapple
Appel	Apple
Avocado	Avocado
Banaan	Banana
Bes	Berry
Citroen	Lemon
Druif	Grape
Framboos	Raspberry
Kers	Cherry
Kiwi	Kiwi
Kokosnoot	Coconut
Mango	Mango
Meloen	Melon
Nectarine	Nectarine
Oranje	Orange
Papaja	Papaya
Peer	Pear
Perzik	Peach
Pruim	Plum

Gebouwen
Buildings

Ambassade	Embassy
Appartement	Apartment
Bioscoop	Cinema
Boerderij	Farm
Cabine	Cabin
Fabriek	Factory
Hotel	Hotel
Kasteel	Castle
Laboratorium	Laboratory
Museum	Museum
Observatorium	Observatory
School	School
Schuur	Barn
Stadion	Stadium
Supermarkt	Supermarket
Tent	Tent
Theater	Theater
Toren	Tower
Universiteit	University
Ziekenhuis	Hospital

Geografie
Geography

Atlas	Atlas
Berg	Mountain
Breedtegraad	Latitude
Continent	Continent
Eiland	Island
Evenaar	Equator
Halfrond	Hemisphere
Hoogte	Altitude
Kaart	Map
Land	Country
Meridiaan	Meridian
Noorden	North
Oceaan	Ocean
Regio	Region
Rivier	River
Stad	City
Wereld	World
Westen	West
Zee	Sea
Zuiden	South

Geologie
Geology

Aardbeving	Earthquake
Calcium	Calcium
Continent	Continent
Erosie	Erosion
Fossiel	Fossil
Geiser	Geyser
Gesmolten	Molten
Grot	Cavern
Koraal	Coral
Kristallen	Crystals
Kwarts	Quartz
Laag	Layer
Lava	Lava
Plateau	Plateau
Stalactiet	Stalactite
Steen	Stone
Vulkaan	Volcano
Zone	Zone
Zout	Salt
Zuur	Acid

Geometrie
Geometry

Berekening	Calculation
Cirkel	Circle
Curve	Curve
Diameter	Diameter
Dimensie	Dimension
Driehoek	Triangle
Hoek	Angle
Hoogte	Height
Horizontaal	Horizontal
Logica	Logic
Loodrecht	Perpendicular
Massa	Mass
Mediaan	Median
Oppervlak	Surface
Parallel	Parallel
Segment	Segment
Symmetrie	Symmetry
Theorie	Theory
Vergelijking	Equation
Verticaal	Vertical

Getallen
Numbers

Acht	Eight
Achttien	Eighteen
Dertien	Thirteen
Drie	Three
Een	One
Negen	Nine
Negentien	Nineteen
Nul	Zero
Tien	Ten
Twaalf	Twelve
Twee	Two
Twintig	Twenty
Veertien	Fourteen
Vier	Four
Vijf	Five
Vijftien	Fifteen
Zes	Six
Zestien	Sixteen
Zeven	Seven
Zeventien	Seventeen

Gezondheid en Welzijn #1
Health and Wellness #1

Actief	Active
Apotheek	Pharmacy
Bacteriën	Bacteria
Behandeling	Treatment
Breuk	Fracture
Dokter	Doctor
Gewoonte	Habit
Honger	Hunger
Hoogte	Height
Hormonen	Hormones
Huid	Skin
Kliniek	Clinic
Letsel	Injury
Medicijn	Medicine
Ontspanning	Relaxation
Reflex	Reflex
Spieren	Muscles
Therapie	Therapy
Virus	Virus
Zenuwen	Nerves

Gezondheid en Welzijn #2
Health and Wellness #2

Allergie	Allergy
Anatomie	Anatomy
Bloed	Blood
Calorie	Calorie
Dieet	Diet
Energie	Energy
Genetica	Genetics
Gewicht	Weight
Gezond	Healthy
Herstel	Recovery
Hygiëne	Hygiene
Infectie	Infection
Lichaam	Body
Massage	Massage
Spijsvertering	Digestion
Stress	Stress
Vitamine	Vitamin
Voeding	Nutrition
Ziekenhuis	Hospital
Ziekte	Disease

Haartypes
Hair Types

Blond	Blond
Bruin	Brown
Dik	Thick
Droog	Dry
Dun	Thin
Gekleurd	Colored
Gevlochten	Braided
Gezond	Healthy
Golvend	Wavy
Grijs	Gray
Hoofdhuid	Scalp
Kaal	Bald
Kort	Short
Krullen	Curls
Krullend	Curly
Lang	Long
Wit	White
Zacht	Soft
Zilver	Silver
Zwart	Black

Herbalisme
Herbalism

Aromatisch	Aromatic
Basilicum	Basil
Bloem	Flower
Culinair	Culinary
Dille	Dill
Dragon	Tarragon
Groen	Green
Ingrediënt	Ingredient
Knoflook	Garlic
Kwaliteit	Quality
Lavendel	Lavender
Marjolein	Marjoram
Oregano	Oregano
Peterselie	Parsley
Rozemarijn	Rosemary
Saffraan	Saffron
Smaak	Flavor
Tijm	Thyme
Tuin	Garden
Venkel	Fennel

Het Bedrijf
The Company

Beslissing	Decision
Creatief	Creative
Eenheden	Units
Globaal	Global
Industrie	Industry
Inkomsten	Revenue
Innovatief	Innovative
Investering	Investment
Kwaliteit	Quality
Loon	Wages
Mogelijkheid	Possibility
Presentatie	Presentation
Product	Product
Professioneel	Professional
Reputatie	Reputation
Risico'S	Risks
Trends	Trends
Vooruitgang	Progress
Werkgelegenheid	Employment
Zaak	Business

Huis
House

Bezem	Broom
Bibliotheek	Library
Dak	Roof
Deur	Door
Douche	Shower
Garage	Garage
Haard	Fireplace
Hek	Fence
Kamer	Room
Kelder	Basement
Keuken	Kitchen
Lamp	Lamp
Meubilair	Furniture
Muur	Wall
Plafond	Ceiling
Schoorsteen	Chimney
Slaapkamer	Bedroom
Spiegel	Mirror
Tapijt	Rug
Tuin	Garden

Installaties
Plants

Bamboe	Bamboo
Bes	Berry
Blad	Leaf
Bloem	Flower
Boom	Tree
Boon	Bean
Bos	Forest
Cactus	Cactus
Flora	Flora
Gebladerte	Foliage
Gras	Grass
Klimop	Ivy
Kruid	Herb
Mest	Fertilizer
Mos	Moss
Plantkunde	Botany
Struik	Bush
Tuin	Garden
Vegetatie	Vegetation
Wortel	Root

Jazz
Jazz

Album	Album
Applaus	Applause
Artiest	Artist
Beroemd	Famous
Componist	Composer
Concert	Concert
Favorieten	Favorites
Genre	Genre
Improvisatie	Improvisation
Lied	Song
Muziek	Music
Nadruk	Emphasis
Nieuw	New
Orkest	Orchestra
Oud	Old
Ritme	Rhythm
Samenstelling	Composition
Stijl	Style
Talent	Talent
Techniek	Technique

Keuken
Kitchen

Cup	Cups
Eetstokjes	Chopsticks
Grill	Grill
Ketel	Kettle
Koelkast	Refrigerator
Kom	Bowl
Kruik	Jug
Lepels	Spoons
Messen	Knives
Oven	Oven
Pollepel	Ladle
Pot	Jar
Recept	Recipe
Schort	Apron
Servet	Napkin
Specerijen	Spices
Spons	Sponge
Voedsel	Food
Vorken	Forks
Vriezer	Freezer

Kleding
Clothes

Armband	Bracelet
Blouse	Blouse
Broek	Pants
Handschoenen	Gloves
Hoed	Hat
Jas	Coat
Jasje	Jacket
Jurk	Dress
Ketting	Necklace
Mode	Fashion
Pyjama	Pajamas
Riem	Belt
Rok	Skirt
Sandalen	Sandals
Schoen	Shoe
Schort	Apron
Shirt	Shirt
Sjaal	Scarf
Sokken	Socks
Trui	Sweater

Koffie
Coffee

Aroma	Aroma
Beker	Cup
Bitter	Bitter
Cafeïne	Caffeine
Drank	Beverage
Filter	Filter
Geroosterd	Roasted
Malen	Grind
Melk	Milk
Ochtend	Morning
Oorsprong	Origin
Prijs	Price
Room	Cream
Smaak	Flavor
Suiker	Sugar
Variëteit	Variety
Vloeistof	Liquid
Water	Water
Zuur	Acidic
Zwart	Black

Kracht en Zwaartekracht
Force and Gravity

Afstand	Distance
As	Axis
Baan	Orbit
Beweging	Motion
Centrum	Center
Druk	Pressure
Dynamisch	Dynamic
Eigendommen	Properties
Gewicht	Weight
Impact	Impact
Magnetisme	Magnetism
Mechanica	Mechanics
Natuurkunde	Physics
Ontdekking	Discovery
Planeten	Planets
Snelheid	Speed
Tijd	Time
Uitbreiding	Expansion
Universeel	Universal
Wrijving	Friction

Kunst
Art

Beeldhouwwerk	Sculpture
Complex	Complex
Creëren	Create
Eenvoudig	Simple
Eerlijk	Honest
Figuur	Figure
Geïnspireerd	Inspired
Humeur	Mood
Keramisch	Ceramic
Onderwerp	Subject
Origineel	Original
Persoonlijk	Personal
Poëzie	Poetry
Portretteren	Portray
Samenstelling	Composition
Schilderijen	Paintings
Surrealisme	Surrealism
Symbool	Symbol
Uitdrukking	Expression
Visueel	Visual

Kunstbenodigdheden
Art Supplies

Acryl	Acrylic
Aquarellen	Watercolors
Borstels	Brushes
Camera	Camera
Creativiteit	Creativity
Ezel	Easel
Gom	Eraser
Houtskool	Charcoal
Inkt	Ink
Klei	Clay
Kleuren	Colors
Lijm	Glue
Olie	Oil
Papier	Paper
Pastel	Pastels
Potloden	Pencils
Stoel	Chair
Tafel	Table
Verf	Paints
Water	Water

Landen #1
Countries #1

België	Belgium
Brazilië	Brazil
Cambodja	Cambodia
Canada	Canada
Chili	Chile
Duitsland	Germany
Egypte	Egypt
Irak	Iraq
Israël	Israel
Italië	Italy
Letland	Latvia
Libië	Libya
Marokko	Morocco
Nicaragua	Nicaragua
Noorwegen	Norway
Panama	Panama
Polen	Poland
Roemenië	Romania
Senegal	Senegal
Spanje	Spain

Landen #2
Countries #2

Denemarken	Denmark
Ethiopië	Ethiopia
Frankrijk	France
Griekenland	Greece
Ierland	Ireland
Indonesië	Indonesia
Japan	Japan
Kenia	Kenya
Laos	Laos
Libanon	Lebanon
Liberia	Liberia
Maleisië	Malaysia
Mexico	Mexico
Nepal	Nepal
Nigeria	Nigeria
Oeganda	Uganda
Oekraïne	Ukraine
Rusland	Russia
Somalië	Somalia
Syrië	Syria

Landschappen
Landscapes

Berg	Mountain
Eiland	Island
Geiser	Geyser
Gletsjer	Glacier
Grot	Cave
Heuvel	Hill
IJsberg	Iceberg
Meer	Lake
Moeras	Swamp
Oase	Oasis
Oceaan	Ocean
Rivier	River
Schiereiland	Peninsula
Strand	Beach
Toendra	Tundra
Vallei	Valley
Vulkaan	Volcano
Waterval	Waterfall
Woestijn	Desert
Zee	Sea

Literatuur
Literature

Analogie	Analogy
Analyse	Analysis
Anekdote	Anecdote
Auteur	Author
Biografie	Biography
Conclusie	Conclusion
Dialoog	Dialogue
Fictie	Fiction
Gedicht	Poem
Mening	Opinion
Metafoor	Metaphor
Poëtisch	Poetic
Rijm	Rhyme
Ritme	Rhythm
Roman	Novel
Stijl	Style
Thema	Theme
Tragedie	Tragedy
Vergelijking	Comparison
Verteller	Narrator

Meditatie
Meditation

Aandacht	Attention
Aanvaarding	Acceptance
Ademhaling	Breathing
Beweging	Movement
Dankbaarheid	Gratitude
Emoties	Emotions
Gedachten	Thoughts
Geluk	Happiness
Helderheid	Clarity
Houding	Posture
Mededogen	Compassion
Mentaal	Mental
Muziek	Music
Natuur	Nature
Observatie	Observation
Perspectief	Perspective
Stilte	Silence
Vrede	Peace
Vriendelijkheid	Kindness
Wakker	Awake

Meer Informatie
Science Fiction

Bioscoop	Cinema
Boeken	Books
Brand	Fire
Denkbeeldig	Imaginary
Dystopie	Dystopia
Explosie	Explosion
Extreem	Extreme
Fantastisch	Fantastic
Futuristisch	Futuristic
Illusie	Illusion
Mysterieus	Mysterious
Orakel	Oracle
Planeet	Planet
Realistisch	Realistic
Robots	Robots
Scenario	Scenario
Sterrenstelsel	Galaxy
Technologie	Technology
Utopie	Utopia
Wereld	World

Menselijk Lichaam
Human Body

Been	Leg
Bloed	Blood
Elleboog	Elbow
Enkel	Ankle
Hand	Hand
Hart	Heart
Hersenen	Brain
Hoofd	Head
Huid	Skin
Kaak	Jaw
Kin	Chin
Knie	Knee
Maag	Stomach
Mond	Mouth
Nek	Neck
Neus	Nose
Oor	Ear
Schouder	Shoulder
Tong	Tongue
Vinger	Finger

Metingen
Measurements

Breedte	Width
Byte	Byte
Centimeter	Centimeter
Decimaal	Decimal
Diepte	Depth
Gewicht	Weight
Gram	Gram
Hoogte	Height
Inch	Inch
Kilogram	Kilogram
Kilometer	Kilometer
Lengte	Length
Liter	Liter
Massa	Mass
Meter	Meter
Minuut	Minute
Ons	Ounce
Pint	Pint
Ton	Ton
Volume	Volume

Mode
Fashion

Bescheiden	Modest
Betaalbaar	Affordable
Borduurwerk	Embroidery
Comfortabel	Comfortable
Duur	Expensive
Eenvoudig	Simple
Elegant	Elegant
Kant	Lace
Kleding	Clothing
Knop	Buttons
Minimalistisch	Minimalist
Modern	Modern
Origineel	Original
Patroon	Pattern
Praktisch	Practical
Stijl	Style
Stof	Fabric
Textuur	Texture
Trend	Trend
Winkel	Boutique

Muziek
Music

Album	Album
Ballade	Ballad
Harmonie	Harmony
Improviseren	Improvise
Instrument	Instrument
Klassiek	Classical
Koor	Chorus
Lyrisch	Lyrical
Melodie	Melody
Microfoon	Microphone
Muzikaal	Musical
Muzikant	Musician
Opera	Opera
Opname	Recording
Poëtisch	Poetic
Ritme	Rhythm
Ritmisch	Rhythmic
Tempo	Tempo
Zanger	Singer
Zingen	Sing

Muziekinstrumenten
Musical Instruments

Banjo	Banjo
Cello	Cello
Fagot	Bassoon
Fluit	Flute
Gitaar	Guitar
Gong	Gong
Harp	Harp
Hobo	Oboe
Klarinet	Clarinet
Mandoline	Mandolin
Marimba	Marimba
Mondharmonica	Harmonica
Percussie	Percussion
Piano	Piano
Saxofoon	Saxophone
Tamboerijn	Tambourine
Trombone	Trombone
Trommel	Drum
Trompet	Trumpet
Viool	Violin

Mythologie
Mythology

Archetype	Archetype
Bliksem	Lightning
Creatie	Creation
Cultuur	Culture
Donder	Thunder
Doolhof	Labyrinth
Gedrag	Behavior
Held	Hero
Heldin	Heroine
Hemel	Heaven
Jaloezie	Jealousy
Kracht	Strength
Krijger	Warrior
Legende	Legend
Monster	Monster
Onsterfelijkheid	Immortality
Ramp	Disaster
Sterfelijk	Mortal
Wezen	Creature
Wraak	Revenge

Natuur
Nature

Arctisch	Arctic
Bijen	Bees
Bos	Forest
Dieren	Animals
Dynamisch	Dynamic
Erosie	Erosion
Gebladerte	Foliage
Gletsjer	Glacier
Heiligdom	Sanctuary
Klippen	Cliffs
Mist	Fog
Rivier	River
Schoonheid	Beauty
Schuilplaats	Shelter
Sereen	Serene
Tropisch	Tropical
Vitaal	Vital
Wild	Wild
Woestijn	Desert
Wolken	Clouds

Natuurkunde
Physics

Atoom	Atom
Chaos	Chaos
Chemisch	Chemical
Deeltje	Particle
Dichtheid	Density
Elektron	Electron
Experiment	Experiment
Formule	Formula
Frequentie	Frequency
Gas	Gas
Magnetisme	Magnetism
Massa	Mass
Mechanica	Mechanics
Molecuul	Molecule
Motor	Engine
Relativiteit	Relativity
Snelheid	Velocity
Universeel	Universal
Versnelling	Acceleration
Zwaartekracht	Gravity

Oceaan
Ocean

Aal	Eel
Algen	Algae
Boot	Boat
Dolfijn	Dolphin
Garnaal	Shrimp
Getijden	Tides
Haai	Shark
Koraal	Coral
Krab	Crab
Kwal	Jellyfish
Octopus	Octopus
Oester	Oyster
Rif	Reef
Schildpad	Turtle
Spons	Sponge
Storm	Storm
Tonijn	Tuna
Vis	Fish
Walvis	Whale
Zout	Salt

Opwarming van de Aarde
Global Warming

Aandacht	Attention
Arctisch	Arctic
Crisis	Crisis
Energie	Energy
Gas	Gas
Gegevens	Data
Generaties	Generations
Gevolgen	Consequences
Industrie	Industry
Internationaal	International
Klimaat	Climate
Milieu	Environmental
Nu	Now
Ontwikkeling	Development
Regering	Government
Temperaturen	Temperatures
Toekomst	Future
Veranderingen	Changes
Wetenschapper	Scientist
Wetgeving	Legislation

Overheid
Government

Burgerschap	Citizenship
Civiel	Civil
Democratie	Democracy
Discussie	Discussion
Gelijkheid	Equality
Gerechtelijk	Judicial
Gerechtigheid	Justice
Grondwet	Constitution
Leider	Leader
Monument	Monument
Natie	Nation
Nationaal	National
Politiek	Politics
Rechten	Rights
Staat	State
Symbool	Symbol
Toespraak	Speech
Vrijheid	Liberty
Wet	Law
Wijk	District

Psychologie
Psychology

Afspraak	Appointment
Beoordeling	Assessment
Bewusteloos	Unconscious
Cognitie	Cognition
Conflict	Conflict
Dromen	Dreams
Ego	Ego
Emoties	Emotions
Ervaringen	Experiences
Gedachten	Thoughts
Gedrag	Behavior
Gevoel	Sensation
Invloed	Influences
Jeugd	Childhood
Klinisch	Clinical
Perceptie	Perception
Persoonlijkheid	Personality
Probleem	Problem
Realiteit	Reality
Therapie	Therapy

Regenwoud
Rainforest

Amfibieën	Amphibians
Behoud	Preservation
Botanisch	Botanical
Diversiteit	Diversity
Gemeenschap	Community
Inheems	Indigenous
Insecten	Insects
Jungle	Jungle
Klimaat	Climate
Mos	Moss
Natuur	Nature
Overleving	Survival
Respect	Respect
Restauratie	Restoration
Soort	Species
Toevlucht	Refuge
Vogels	Birds
Waardevol	Valuable
Wolken	Clouds
Zoogdieren	Mammals

Restaurant #1
Restaurant #1

Allergie	Allergy
Bord	Plate
Brood	Bread
Eten	To Eat
Ingrediënten	Ingredients
Kassier	Cashier
Keuken	Kitchen
Kip	Chicken
Koffie	Coffee
Kom	Bowl
Menu	Menu
Mes	Knife
Pittig	Spicy
Reservering	Reservation
Saus	Sauce
Serveerster	Waitress
Servet	Napkin
Toetje	Dessert
Vlees	Meat
Voedsel	Food

Restaurant #2
Restaurant #2

Cake	Cake
Diner	Dinner
Drank	Beverage
Eieren	Eggs
Fruit	Fruit
Groente	Vegetables
Heerlijk	Delicious
Ijs	Ice
Lepel	Spoon
Lunch	Lunch
Noedels	Noodles
Ober	Waiter
Salade	Salad
Soep	Soup
Specerijen	Spices
Stoel	Chair
Vis	Fish
Vork	Fork
Water	Water
Zout	Salt

Rijden
Driving

Auto	Car
Brandstof	Fuel
Garage	Garage
Gas	Gas
Gevaar	Danger
Kaart	Map
Licentie	License
Motor	Motor
Motorfiets	Motorcycle
Ongeluk	Accident
Politie	Police
Remmen	Brakes
Snelheid	Speed
Straat	Street
Tunnel	Tunnel
Veiligheid	Safety
Verkeer	Traffic
Voetganger	Pedestrian
Vrachtauto	Truck
Weg	Road

Schaken
Chess

Diagonaal	Diagonal
Kampioen	Champion
Koning	King
Koningin	Queen
Leren	To Learn
Offer	Sacrifice
Passief	Passive
Punten	Points
Reglement	Rules
Slim	Clever
Spel	Game
Speler	Player
Strategie	Strategy
Tegenstander	Opponent
Tijd	Time
Toernooi	Tournament
Uitdagingen	Challenges
Wedstrijd	Contest
Wit	White
Zwart	Black

Schoonheid
Beauty

Charme	Charm
Cosmetica	Cosmetics
Diensten	Services
Elegant	Elegant
Elegantie	Elegance
Fotogeniek	Photogenic
Genade	Grace
Geur	Fragrance
Glad	Smooth
Huid	Skin
Kleur	Color
Krullen	Curls
Lippenstift	Lipstick
Mascara	Mascara
Producten	Products
Schaar	Scissors
Shampoo	Shampoo
Spiegel	Mirror
Stilist	Stylist
Verzinnen	Makeup

Specerijen
Spices

Anijs	Anise
Bitter	Bitter
Fenegriek	Fenugreek
Gember	Ginger
Kaneel	Cinnamon
Kardemom	Cardamom
Kerrie	Curry
Knoflook	Garlic
Komijn	Cumin
Koriander	Coriander
Kruidnagel	Clove
Nootmuskaat	Nutmeg
Paprika	Paprika
Saffraan	Saffron
Smaak	Flavor
Ui	Onion
Vanille	Vanilla
Venkel	Fennel
Zoet	Sweet
Zout	Salt

Stad
Town

Apotheek	Pharmacy
Bakkerij	Bakery
Bank	Bank
Bibliotheek	Library
Bioscoop	Cinema
Bloemist	Florist
Boekhandel	Bookstore
Dierentuin	Zoo
Galerij	Gallery
Hotel	Hotel
Kliniek	Clinic
Luchthaven	Airport
Markt	Market
Museum	Museum
School	School
Stadion	Stadium
Supermarkt	Supermarket
Theater	Theater
Universiteit	University
Winkel	Store

Tijd
Time

Dag	Day
Decennium	Decade
Eeuw	Century
Gisteren	Yesterday
Jaar	Year
Jaarlijks	Annual
Kalender	Calendar
Klok	Clock
Maand	Month
Middag	Noon
Minuut	Minute
Na	After
Nacht	Night
Nu	Now
Ochtend	Morning
Toekomst	Future
Uur	Hour
Vandaag	Today
Vroeg	Early
Week	Week

Tuin
Garden

Bank	Bench
Bloem	Flower
Boom	Tree
Boomgaard	Orchard
Garage	Garage
Gazon	Lawn
Gras	Grass
Hangmat	Hammock
Hark	Rake
Hek	Fence
Onkruid	Weeds
Rotsen	Rocks
Schop	Shovel
Slang	Hose
Struik	Bush
Terras	Terrace
Trampoline	Trampoline
Tuin	Garden
Vijver	Pond
Wijnstok	Vine

Tuinieren
Gardening

Blad	Leaf
Bloemen	Floral
Bloesem	Blossom
Bodem	Soil
Boeket	Bouquet
Boomgaard	Orchard
Botanisch	Botanical
Compost	Compost
Container	Container
Eetbaar	Edible
Exotisch	Exotic
Gebladerte	Foliage
Klimaat	Climate
Seizoensgebonden	Seasonal
Slang	Hose
Soort	Species
Vocht	Moisture
Vuil	Dirt
Water	Water
Zaden	Seeds

Vliegtuigen
Airplanes

Afdaling	Descent
Atmosfeer	Atmosphere
Avontuur	Adventure
Ballon	Balloon
Bemanning	Crew
Bouw	Construction
Brandstof	Fuel
Geschiedenis	History
Hemel	Sky
Hoogte	Height
Landen	Landing
Lucht	Air
Motor	Engine
Navigeren	Navigate
Ontwerp	Design
Passagier	Passenger
Piloot	Pilot
Richting	Direction
Turbulentie	Turbulence
Waterstof	Hydrogen

Voeding
Nutrition

Bitter	Bitter
Calorieën	Calories
Dieet	Diet
Eetbaar	Edible
Eetlust	Appetite
Eiwitten	Proteins
Evenwichtig	Balanced
Fermentatie	Fermentation
Gewicht	Weight
Gezond	Healthy
Gezondheid	Health
Koolhydraten	Carbohydrates
Kwaliteit	Quality
Saus	Sauce
Smaak	Flavor
Spijsvertering	Digestion
Toxine	Toxin
Vitamine	Vitamin
Vloeistoffen	Liquids
Voedingsstof	Nutrient

Vogels
Birds

Duif	Pigeon
Eend	Duck
Ei	Egg
Flamingo	Flamingo
Gans	Goose
Kip	Chicken
Koekoek	Cuckoo
Kraai	Crow
Meeuw	Gull
Mus	Sparrow
Ooievaar	Stork
Papegaai	Parrot
Pauw	Peacock
Pelikaan	Pelican
Pinguïn	Penguin
Reiger	Heron
Struisvogel	Ostrich
Toekan	Toucan
Uil	Owl
Zwaan	Swan

Vormen
Shapes

Bol	Sphere
Boog	Arc
Cilinder	Cylinder
Cirkel	Circle
Curve	Curve
Driehoek	Triangle
Hoek	Corner
Hyperbool	Hyperbola
Kant	Side
Kegel	Cone
Kubus	Cube
Lijn	Line
Ovaal	Oval
Piramide	Pyramid
Prisma	Prism
Randen	Edges
Rechthoek	Rectangle
Ronde	Round
Veelhoek	Polygon
Vierkant	Square

Wandelen
Hiking

Berg	Mountain
Dieren	Animals
Gevaren	Hazards
Kaart	Map
Kamperen	Camping
Klif	Cliff
Klimaat	Climate
Laarzen	Boots
Moe	Tired
Muggen	Mosquitoes
Natuur	Nature
Oriëntatie	Orientation
Parken	Parks
Stenen	Stones
Top	Summit
Voorbereiding	Preparation
Water	Water
Wild	Wild
Zon	Sun
Zwaar	Heavy

Wetenschap
Science

Atoom	Atom
Chemisch	Chemical
Deeltjes	Particles
Evolutie	Evolution
Experiment	Experiment
Feit	Fact
Fossiel	Fossil
Gegevens	Data
Hypothese	Hypothesis
Klimaat	Climate
Laboratorium	Laboratory
Methode	Method
Mineralen	Minerals
Moleculen	Molecules
Natuur	Nature
Natuurkunde	Physics
Observatie	Observation
Organisme	Organism
Wetenschapper	Scientist
Zwaartekracht	Gravity

Wetenschappelijke Discip
Scientific Disciplines

Anatomie	Anatomy
Archeologie	Archaeology
Astronomie	Astronomy
Biochemie	Biochemistry
Biologie	Biology
Chemie	Chemistry
Ecologie	Ecology
Fysiologie	Physiology
Geologie	Geology
Immunologie	Immunology
Mechanica	Mechanics
Meteorologie	Meteorology
Mineralogie	Mineralogy
Neurologie	Neurology
Plantkunde	Botany
Psychologie	Psychology
Robotica	Robotics
Sociologie	Sociology
Voeding	Nutrition
Zoölogie	Zoology

Wiskunde
Math

Decimaal	Decimal
Diameter	Diameter
Divisie	Division
Driehoek	Triangle
Exponent	Exponent
Fractie	Fraction
Geometrie	Geometry
Hoeken	Angles
Loodrecht	Perpendicular
Omtrek	Circumference
Parallel	Parallel
Parallellogram	Parallelogram
Rechthoek	Rectangle
Rekenkundig	Arithmetic
Som	Sum
Symmetrie	Symmetry
Veelhoek	Polygon
Vergelijking	Equation
Vierkant	Square
Volume	Volume

Zakelijk
Business

Bedrijf	Company
Begroting	Budget
Belastingen	Taxes
Carrière	Career
Economie	Economics
Fabriek	Factory
Financiën	Finance
Geld	Money
Inkomen	Income
Investering	Investment
Kantoor	Office
Korting	Discount
Kosten	Cost
Transactie	Transaction
Valuta	Currency
Verkoop	Sale
Werkgever	Employer
Werknemer	Employee
Winkel	Shop
Winst	Profit

Ziekte
Disease

Ademhaling	Respiratory
Allergieën	Allergies
Bacterieel	Bacterial
Besmettelijk	Contagious
Botten	Bones
Buik	Abdominal
Chronisch	Chronic
Erfelijk	Hereditary
Genetisch	Genetic
Genezing	Healing
Gezondheid	Health
Hart	Heart
Immuniteit	Immunity
Lichaam	Body
Neuropathie	Neuropathy
Ontsteking	Inflammation
Sinus	Sinus
Syndroom	Syndrome
Therapie	Therapy
Zwak	Weak

Zoogdieren
Mammals

Aap	Monkey
Bever	Beaver
Coyote	Coyote
Dolfijn	Dolphin
Ezel	Donkey
Geit	Goat
Giraf	Giraffe
Gorilla	Gorilla
Hond	Dog
Kameel	Camel
Kangoeroe	Kangaroo
Kat	Cat
Konijn	Rabbit
Leeuw	Lion
Olifant	Elephant
Paard	Horse
Stier	Bull
Vos	Fox
Walvis	Whale
Wolf	Wolf

Gefeliciteerd

Je hebt het gehaald!

We hopen dat u net zoveel plezier beleeft aan dit boek als wij aan het maken ervan. We doen ons best om spellen van hoge kwaliteit te maken.
Deze puzzels zijn op een slimme manier ontworpen zodat je actief kunt leren terwijl je plezier hebt!

Vond je ze mooi?

Een Eenvoudig Verzoek

Onze boeken bestaan dankzij de recensies die zij publiceren. Kunt u ons helpen door nu een mening achter te laten ?

Hier is een korte link die u naar uw bestellingen beoordelingspagina.

BestBooksActivity.com/Recensie50

FINAAL UITDAGING!

Uitdaging nr. 1

Klaar voor uw bonusspel? We gebruiken ze de hele tijd, maar ze zijn niet zo gemakkelijk te vinden. Hier zijn **Synoniemen!**

Noteer 5 woorden die je ontdekt hebt in elk van de onderstaande puzzels (nr. 21, nr. 36, nr. 76) en probeer voor elk woord 2 synoniemen te vinden.

Notitie 5 Woorden uit **Puzzle 21**

Woorden	Synoniem 1	Synoniem 2

Notitie 5 Woorden uit **Puzzle 36**

Woorden	Synoniem 1	Synoniem 2

Notitie 5 Woorden uit **Puzzle 76**

Woorden	Synoniem 1	Synoniem 2

Uitdaging nr. 2

Nu je opgewarmd bent, noteer 5 woorden die je ontdekt hebt in elke hieronder genoteerde puzzel (nr. 9, nr. 17, nr. 25) en probeer voor elk woord 2 antoniemen te vinden. Hoeveel regels kan je doen in 20 minuten?

Notitie 5 Woorden uit **Puzzle 9**

Woorden	Antoniem 1	Antoniem 2

Notitie 5 Woorden uit **Puzzle 17**

Woorden	Antoniem 1	Antoniem 2

Notitie 5 Woorden uit **Puzzle 25**

Woorden	Antoniem 1	Antoniem 2

Uitdaging nr. 3

Prachtig, deze finaal uitdaging  is makkelijk voor jou!

Klaar voor de laatste? Kies je 10 favoriete woorden die je in een van de puzzels hebt ontdekt en noteer ze hieronder.

1.	6.
2.	7.
3.	8.
4.	9.
5.	10.

De uitdaging is nu om met deze woorden en binnen een maximum van zes zinnen een tekst te schrijven over een persoon, dier of plaats waar je van houdt!

Tip: U kunt de laatste blanco pagina van dit boek als kladblaadje gebruiken!

Je schrijven:

NOTITIEBOEKJE:

TOT SNEL!

Linguas Classics

GENIET VAN GRATIS SPELLEN

GO

↓

BESTACTIVITYBOOKS.COM/FREEGAMES